Preparémonos para la
ADOLESCENCIA

Preparémonos para la

ADOLESCENCIA

DR. JAMES DOBSON

EDITORIAL BETANIA

Versión castellana:
Ady P. Delgado

© 1981 EDITORIAL CARIBE
P.O. Box 141000
Nashville, TN 37214-1000

Publicado originalmente en inglés con el título de
PREPARING FOR ADOLESCENCE
Copyright © 1978 por Vision House Publishers
Publicado por Vision House Publishers,
Santa Ana, California 92705

ISBN-13: 978-0-88113-920-4
ISBN-10: 0-88113-920-3

E-mail: caribe@editorialcaribe.com

Printed in Mexico

6ta. Impresión   04 / 2008

Contenido

Dedicatoria

Con todo mi amor a mi hija de catorce años, Danae,
quien colma mi vida de felicidad.

Un mensaje para los padres

¿Te gustaría volver a tener trece años, sólo con el toque de una varita mágica? Me parece que escucho a mis lectores adultos responder a una, con voz resonante: "¡No gracias!". Todo el mundo en nuestra sociedad quiere ser joven, ¡pero *no tanto*! ¿Y por qué no? Porque para nosotros los adultos la adolescencia fue la época de mayor tensión e inquietud de nuestra vida.

Casi todos recordamos los alarmantes cambios físicos que se produjeron durante esos primeros años. También nos acordamos de los deseos sexuales que experimentamos y del sentimiento de culpa que iba acompañado de estas nuevas y hasta entonces desconocidas inclinaciones. No hemos olvidado cómo dudábamos de nosotros mismos, y cuán intolerables nos parecían a veces los sentimientos de inferioridad. Y por supuesto, tenemos muy presente lo vulnerables que éramos emocionalmente a casi todo, durante la adolescencia. . . cuán propensos éramos a sentirnos heridos si fracasábamos, hacíamos el ridículo o experimentábamos sentimiento de vergüenza. También éramos vulnerables a las actitudes paternas, y especialmente a cualquier tipo de rechazo proveniente de algún miembro del sexo opuesto. No cabe duda que la adolescencia fue un viaje tempestuoso para la mayoría de nosotros "los viejos" (es decir, ¡los que pasamos de los treinta años!).

Tomado desde este punto de vista, resulta un poco desconcertante que los padres nos mostremos tan renuentes a compartir con nuestros hijos nuestras experiencias de juventud. Los preadolescentes podrían beneficiarse enormemente de lo que hemos aprendido porque *ya nosotros hemos estado en el lugar al cual ellos se dirigen.* Sin embargo, como regla general, nos mostramos reservados respecto a nuestras propias vivencias, y dejamos que nuestros hijos naveguen en las mismas turbulentas aguas, desprovistos de toda orientación, consejo o advertencia previa. A menudo, el resultado es desastroso. En una obra publicada anteriormente, señalo, al respecto, lo siguiente: "El hecho de que la adolescencia resulte tan dolorosa se debe, mayormente, a que los jovencitos no comprenden a cabalidad lo que les está ocurriendo. Muchos de sus temores, inquietudes y frustraciones podrían evitarse si se les instruyese debidamente mediante un sencillo programa educativo".*

¿Cuándo debe iniciarse este programa educativo, y cuáles aspectos debe abarcar? El libro que tienes en tus manos contesta estas preguntas. El mismo, está dirigido especialmente a los chicos y chicas cuyas edades comprenden entre los diez y los quince años de edad, y está escrito en un lenguaje sencillo. Esta obra describe la clásica "experiencia del adolescente", y trata abiertamente los difíciles temas de la menstruación, los principios morales, el conflicto entre padres e hijos, el abuso de las drogas, la conformidad y el más

---

* *Hide or Seek,* Fleming H. Revell, 1974, pág. 108

importante de todos: "el abismo de la inferioridad".

El último capítulo tal vez resulte ser el de mayor provecho, ya que, el mismo, recoge una conversación grabada que sostuve con cuatro adolescentes. En dicha entrevista, de carácter espontáneo, los chicos le explican a los lectores más jóvenes cuáles son los sentimientos y las experiencias que les aguardan en los años venideros. Esta conversación, grabada en mi hogar, fue una ocasión muy significativa, pues los muchachos compartieron entre sí sus sentimientos, sus temores, sus anhelos y sus sueños. Creo que la lectura de este libro le resultará amena a su hijo y le será de gran provecho.

Para concluir el tema que estamos tratando, permítame ofrecer un ejemplo, a modo de comparación. Todos los años, durante el mes de septiembre, los entrenadores de fútbol de los Estados Unidos reúnen a los muchachos a través de la nación, con el propósito de formar un equipo. Someten a los jugadores a un entrenamiento básico, que incluye: parar el balón, obstaculizar y atajar al adversario, y lanzar y atrapar el balón. Este agotador entrenamiento se lleva a cabo diariamente por espacio de dos semanas o más. Finalmente, llega la noche del juego. Reina un ambiente de tensión y hay gran expectativa. El estadio está repleto de fanáticos que gritan entusiastas, y los adversarios aguardan en el campo de juego. Sin embargo, antes de que los jugadores abandonen el camerino, el entrenador reúne a su equipo por última vez para darle las instrucciones finales, y brindarles una palabra de aliento. Esto es así porque él sabe que una vez comience el juego, ya no tendrá oportunidad de enseñarles o guiarlos. Sus últimas palabras finales son muy importantes, y hasta podrían determinar el resultado final del juego. Una vez dadas las instrucciones, envía a su equipo al campo de juego, instándolo a rendir el máximo.

Un padre que está preparando a su hijo para la llegada de la adolescencia se parece mucho a un entrenador de fútbol. Desde la infancia, ha estado enseñando a su hijo, de una manera sistemática, los pasos "básicos"—preparándolo para la competencia que se avecina. Juntos se ejercitaron y se entrenaron durante los años de la escuela primaria, y continuaron practicando durante la escuela intermedia. Juntos pusieron en práctica los verdaderos valores espirituales y los principios morales, y se esforzaron mucho, especialmente, para que el niño desarrollara confianza en sí mismo. Finalmente, llega el momento decisivo, y los padres se reúnen con el hijo para darle las instrucciones finales.

"No olvides lo que te hemos enseñado" le aconseja papá.

"Cuídate de aquel oponente" le advierte mamá.

"Adelante, hijo. ¡Tenemos plena confianza en ti!" gritan ambos con entusiasmo.

El hijo mueve la cabeza afirmativamente y corre hacia el campo de juego. Sus padres, con ojos vidriosos, permanecen parados junto a las líneas laterales. Saben bien que su labor de entrenamiento está por concluir. Han hecho su parte, y ahora el resultado final depende del huesudo chico que se coloca en las defensas.

¿Entiende usted lo que quiero decir? Si tiene un hijo o hija preadolescente, aproveche esta última "sesión de entrenamiento", antes de que comience el gran juego. En esta ocasión, repase con él lo aprendido, déle las instrucciones finales y cualquier palabra de advertencia que crea necesaria. Pero cuidado: No deje pasar esta fugaz oportunidad, pues tal ves nunca más vuelva a tener otra igual.

Preparémonos para la adolescencia se escribió con el fin de ayudarlo a realizar esa importante tarea, y estoy seguro de que usted sabrá cómo salir adelante.

James C. Dobson, Ph.D.

uno

La clave de la autoestimación

Estás a punto de leer un libro muy personal que trata sobre una etapa importante de la vida, conocida como la adolescencia. . . esos años que comprenden desde la infancia hasta la madurez. Tal vez tengas nueve, diez u once años ahora, y apenas empiezas a pensar en crecer. No sabes con certeza lo que te espera, pero estás muy emocionado sobre la experiencia en sí, y quieres conocer más a fondo los detalles. Este libro se escribió para ti.

Tal vez ya eres un adolescente, y estos conceptos serán importantes para ti también. Si estás aguardando con mucha ilusión la llegada de la adolescencia o si por el contrario, ya te encuentras en ella, pronto comprenderás un poco mejor cuáles son las dudas e inquietudes que ·han de surgir durante los próximos años.

Ahora bien, quizás te estés preguntando ¿por qué tanto alboroto sobre la adolescencia? ¿Por qué es necesario que me esfuerce por aprender más sobre este período de la vida? Bueno, la verdad es que crecer no es muy fácil que digamos. No lo fue para los que hoy somos adultos, ni tampoco lo será para ti. Siempre resulta difícil crecer, porque cuando iniciamos una nueva etapa en la vida, ésta trae consigo muchas y nuevas exigencias. Estoy seguro de que no te recuerdas que, antes de nacer, estabas muy cómodo y acurrucado dentro del tibio cuerpo de tu madre. Escuchabas el latido constante, suave y firme de su corazón, y estabas protegido, abrigado y a gusto, en ese mundo que Dios te había proporcionado. Tu madre se encargaba de llenar todas tus necesidades, y no tenías preocupaciones ni problemas.

Pero cuando llegó el momento indicado, te empujaron bruscamente hacia afuera, sacándote de esa bolsita acogedora ¡sin consultarte siquiera!; y llegaste a este frío mundo, donde te esperaba un doctor, quien te tomó por los pies y te dio una fuerte nalgada. (¡Vaya recibimiento para un recién llegado al vecindario!)

La verdad es que, al encontrarte colgando de los pies, y mirando por primera vez a todas esas personas que se encontraban a tu alrededor, hubieses preferido regresar al seguro y pequeño mundo de donde acababas de llegar. Pero sencillamente no podías quedarte en el útero de tu madre, si es que habías de crecer, desarrollarte y aprender.

El reto de la adolescencia

En cierto sentido, el camino hacia la adolescencia es así. Has estado en el mundo tibio y seguro de la infancia. Tus padres han llenado todas tus necesidades; son ellos los que te pusieron un bendaje en el dedo gordo del pie cuando tropezaste contra una piedra lastimándotelo; ellos secaron tus lágrimas y te prodigaron besos y caricias cuando las cosas no salían bien. Te pasabas jugando casi todo el tiempo, y la vida era para ti color de rosa y agradable. Pero no puedes permanecer eternamente en ese mundo infantil, como tampoco pudiste quedarte en el cuerpo de tu madre. Tienes por delante algo mucho mejor aún —la emocionante experiencia de crecer hasta convertirte en adulto, de tener tu propio hogar y familia, de ganarte la vida, de tomar tus propias decisiones y de llegar a ser independiente. Este es el proceso natural y necesario que se sigue al abandonar la niñez e iniciar la vida de adulto.

Sin embargo, desgraciadamente no puedes madurar *de repente*. Primero tienes que abandonar gateando, tu protegido mundo infantil, y es ahí, precisamente, donde a menudo comienzan los problemas. Habrá momentos en que la vida te dará una fuerte nalgada, por así decirlo, como sucedió al principio. Y tal vez hasta sientas que de vez en cuando estás colgando por los pies. Surgirán nuevos temores y nuevos problemas, y el mundo nunca más será el lugar seguro que solía ser. Pero es un mundo emocionante, y será uno mucho mejor, si sabes lo que debes esperar.

Concluída la introducción, pues, pasemos a describir algunas de las nuevas experiencias que están a punto de producirse. Pronto experimentarás algunos de los momentos más emocionantes de tu vida (¡y varios de los más alarmantes también!). Hablaremos acerca de las cosas que más preocupan a los adolescentes—los sucesos que a menudo resultan más inquietantes. Quiero que con mi ayuda llegues a conocer mejor tu mente, tus sentimientos, tus emociones, tus actitudes, tu cuerpo, tus anhelos y tus sueños; que sepas quién eres, hacia dónde vas, y cómo llegar, y cuáles son las cosas con las que has de enfrentarte en los años venideros. Hablaremos sobre estos temas con toda franqueza; no habrá aspecto alguno que sea demasiado delicado o difícil de abordar, siempre y cuando, el mismo, tenga que ver con los jóvenes entre las edades de los doce y los veinte años.

A medida que vayas leyendo este libro, espero que sientas el deseo de tratar estos temas más a fondo con alguna persona a quien le tengas confianza. Este apenas será el principio; comienza a formular tus propias preguntas, a expresar tus inquietudes y a hacer que el proceso de crecimiento se convierta en un evento muy personal en tu vida.

El oscuro abismo

Comencemos forjándonos un cuadro mental, por un momento. Hazte de cuenta que estás al volante de un auto pequeño y conduces solo por la carretera. Acabas de pasar por un pueblecito llamado Pubertad, pero ahora, te encuentras nuevamente en la carretera principal, y a mano derecha, divisas un letrero que lee: "Ciudad de los Adultos, ocho años hacia adelante". Viajas por la carretera a gran velocidad, a unas 55 millas por hora, rumbo a esta gran ciudad nueva, de la que tanto has oído hablar.

Pero al tomar una curva, de repente, alcanzas a ver a un hombre que hace señales con una bandera roja y sostiene en alto un letrero de peligro. Te hace señas para que te detengas lo más pronto posible; así que, frenas de golpe, el auto patina, y al fin logras detenerte, justamente frente al hombre de la bandera. Este, se acerca al auto, y al llegar a la ventana te dice: "Amigo mío, tengo que decirte algo muy importante. Como a una milla más adelante, se ha desplomado un puente, y lo que hay es un enorme risco con un oscuro abismo en el fondo. Debes conducir con cuidado, o de lo contrario, llegarás hasta el borde de la carretera y caerás en ese abismo, y si esto sucede, nunca llegarás a la Ciudad de los Adultos".

Imposible retroceder

Entonces, ¿qué vas a hacer? No puedes retroceder porque tu auto no tiene el cambio para dar marcha atrás. *Ninguno* de los autos que viajan por esta carretera pueden retroceder. Es lo mismo que tratar de dar marcha atrás en la autopista —sencillamente es imposible. Así que le preguntas al hombre de la bandera: —¿Qué hago? —y él te contesta—: Bueno, tienes esta alternativa. Continúa hacia adelante, pero conduce despacio y con mucho cuidado y estáte pendiente del puente destrozado en la carretera. Cuando llegues allí, vira a la derecha, y sigue hacia el sur, una o dos millas apróximadamente. Entonces llegarás a un desvío que deja a un lado el abismo y empalma con la carretera principal nuevamente. No tienes que caer en ese hueco, puedes evadirlo, así que, maneja con cuidado y buena suerte.

Ahora voy a explicarte el significado de esta historia. El automóvil que conduces simboliza tu propia vida. Lleva tu nombre escrito en la puerta. En realidad, posee todos tus rasgos y características personales. Estás conduciendo este auto deportivo por la carretera de la vida, y te diriges rumbo a la madurez. Y resulta que *yo* soy ese hombre que está parado junto a la carretera, sujetando la bandera. La agito de un lado a otro, y sostengo en alto un aviso de peligro, y te estoy haciendo señas para que te detengas. Quiero advertirte que, más adelante, hay un obstáculo en la carretera —un "abismo" en el que cae la *mayoría* de los adolescentes cuando éstos se dirigen camino a la madurez. Este problema no se le presenta únicamente a algunos adolescentes; casi todo el mundo tiene que enfrentarse al mismo, de una manera u otra, durante la adolescencia.

Una vez logro detenerte, me acerco al auto y apoyándome en la ventana, te comunico que muchos jóvenes han arruinado sus vidas al caer por ese oscuro barranco, pero que puedo mostrarte la forma de evadir el peligro —desviándote por otro lado.

La angustia que produce el sentimiento de inferioridad

Pero ¿cuál es este problema al que se enfrentan tantos adolescentes durante esta época de su vida? ¿Qué es lo que les ocasiona tanto dolor y sufrimiento a los jóvenes que están entre las edades de doce y veinte años? Es un sentimiento de impotencia que llamamos "inferioridad". Es ese horrible hecho de darse uno cuenta de que no le simpatiza a nadie, que no es tan bueno como las demás personas, que uno es un fracasado, un perdedor, un desastre como persona; que uno es feo (a), o que no es muy inteligente, o que no posee tanto talento como tal o cual persona. Es ese sentimiento deprimente de inutilidad.

Es una lástima que *la mayoría* de los adolescentes piensen que ¡valen muy poco como seres humanos cuando están entre los trece y los quince años de edad! Tal vez esto te sucedió a ti mucho antes, pero en la mayoría de los casos, el problema se vuelve más agudo durante los años que corresponden a la escuela intermedia. Este es el abismo al cual me refería —ese hueco oscuro que se encuentra en la carretera que conduce a la madurez, y que atrapa a tantos jóvenes.

Recientemente, los directores de la revista *Teen* me entrevistaron, con el fin de recopilar información para un artículo que estaban escribiendo sobre el tema de la inferioridad. Ellos sabían que casi todos los adolescentes tienen este problema. Traté de decirle a los lectores de la revista que esta crisis puede evitarse; puedes evadir el problema si sabes lo que debes esperar. Pero si solamente viajas en tu auto conduciendo a máxima velocidad por la carretera, sin pensar en los riesgos e ignorando cuáles son, entonces, tú también puedes caer preso de este mismo sentimiento de inutilidad. Resulta absurdo el hecho de que todos tengamos que experimentar la angustia del fracaso. *Todos* poseemos valor como seres humanos, y en cambio, son muchos los jóvenes que llegan a la conclusión de que, de alguna manera, son diferentes a los demás —que en realidad son inferiores a las demás personas —y que carecen de las cualidades fundamentales que le confieren valor y dignidad al ser humano.

El problema de Ronny

Algunos de los lectores saben que a menudo brego con jóvenes que tienen este tipo de problemas (como también con problemas de índole físico). Hace diez años que formo parte del personal de un hospital infantil. Pero anteriormente, fui consejero en una escuela superior, y allí bregué con muchos adolescentes que luchaban con algunos de los sentimientos que acabo de describir.

Un día, caminaba por el recinto de la escuela. Ya había sonado el timbre, y la mayoría de los alumnos habían regresado a clases. Entonces, vi a un muchacho que venía en dirección mía por el corredor principal. Yo sabía que el chico se llamaba Ronny y que cursaba el tercer año de escuela superior. Sin embargo, nunca lo había tratado personalmente. Ronny era uno de los muchos estudiantes que permanecen rezagados entre la multitud; era uno de esos que nunca atraen la atención hacia sí mismos, ni traban amistad con los que le rodean. Resulta fácil olvidarse de que estas personas existen, porque nunca dejan que otros lleguen a conocerlas.

Cuando Ronny se encontraba como a unos quince pies de mí, pude advertir que algo lo tenía muy perturbado. Era evidente que eso lo molestaba terriblemente, porque en su cara se reflejaba su lucha interior. A medida que venía acercándose, se dio cuenta de que yo lo observaba fijamente. Nuestras miradas se encontraron por un instante, entonces, bajó la vista mientras se aproximaba.

Cuando Ronny y yo nos encontramos frente a frente, de repente, se cubrió la cara con las manos y se volvió hacia la pared. El cuello y las orejas se le pusieron rojas, y comenzó a sollozar fuertemente. No sólo estaba llorando —parecía que iba a estallar; tal era la intensidad emocional. Echándole el brazo le dije: "¿Puedo ayudarte en algo, Ronny? ¿Quieres que hablemos?" Movió la cabeza afirmativamente y casi tuve que llevarlo hasta mi despacho.

Le indiqué que se sentara y cerré la puerta. Esperé unos minutos para darle tiempo a que se recobrara, antes de iniciar el diálogo. Entonces comenzó a hablar.

"—Hace ocho años que asisto a esta escuela, y durante todo este tiempo ¡no he logrado trabar amistad con nadie! A nadie aquí le importa lo que pueda pasarme. Vengo caminando solo hasta la escuela, y regreso solo a casa también. No voy a los partidos de fútbol; ni asisto a las competencias de baloncesto; no participo en las actividades de la escuela, porque me da vergüenza sentarme solo. Por la mañana, a la hora del receso, meriendo solo y al mediodía, almuerzo en un rincón apartado del recinto. Entonces, regreso a clases solo. No me llevo bien con mi papá, y mi mamá no me entiende, y mi hermana y yo siempre estamos riñendo. Nadie me llama por teléfono. No tengo con quien hablar. Nadie sabe cómo me siento y a nadie le importa. ¡Estoy completamente solo, y a veces me parece que ya no puedo soportarlo más!"

Ronny no es el único que se siente así

No puedo determinar con exactitud cuántos estudiantes me han comunicado que se sienten exactamente igual. Una niña de octavo grado llamada Carlota se sentía tan disgustada consigo misma, y decepcionada porque no gozaba de popularidad entre sus compañeros, que ya no quería seguir viviendo. Un día, fue a la escuela y me dijo que se había tomado todas las pastillas que había en el botiquín de su casa porque quería acabar con su vida. Pero en realidad ella no quería morirse, o de lo contrario, no me hubiese confesado lo que había hecho. Más bien estaba pidiendo ayuda. La enfermera de la escuela y yo la trasladamos al hospital justo a tiempo, y allí lograron salvarle la vida. Hay miles de estudiantes que, como Carlota y Ronny, se encuentran atormentados por su propio sentimiento de inutilidad, y a veces, éste, inclusive, les quita el deseo de vivir.

Algunos jóvenes se sienten ridículos e inferiores a los demás, sólo algunas veces, como por ejemplo, cuando fracasan en algo muy importante. Pero otros se sienten inútiles *todo* el tiempo. Quizás tú eres uno de ésos que se sienten ofendidos todos los días. ¿Alguna vez se te ha formado un enorme nudo en la garganta cuando piensas que a nadie le importas —a nadie le simpatizas —que inclusive hasta te odian? ¿Alguna vez has sentido el deseo de salirte de tu cuerpo y meterte en él de otra persona? ¿Te has sentido en alguna ocasión como un perfecto imbécil en un grupo? ¿Has deseado

alguna vez que la tierra te tragara? Si en alguna
ocasión has experimentado estos sentimientos, espero
que termines de leer este libro, ¡porque se escribió
especialmente para ti! Me hubiese gustado que Ronny
y Carlota hubiesen podido leer lo que estoy escribiendo cuando experimentaron tales sentimientos.

¡Cuánto desearía que hubiesen podido reconocer el
verdadero valor que poseían entonces como seres
humanos! Como ves, habían caído en el abismo de la
inferioridad, y andaban a tientas, abajo, en la oscuri-
dad.

¿A qué se debe?

Ahora vamos a formular una pregunta muy importante. ¿Por qué razón son tantos los adolescentes que
se sienten inferiores? ¿Por qué los jóvenes norteameri-
canos no pueden crecer sintiéndose conformes consigo
mismos? ¿Por qué es un hecho común y corriente el
que la gente se autoexamine y quede terriblemente
decepcionada con la persona que Dios ha creado? ¿Por
qué es que todo el mundo siempre tiene que aprender
a fuerza de golpes? Estas son muy buenas preguntas,
y las mismas tienen muy buenas respuestas también.

El daño que inflije la madre naturaleza

Los jóvenes de hoy en la sociedad norteamericana
creen que existen tres requisitos fundamentales que,
según ellos, *son indispensables* para que puedan sentirse satisfechos consigo mismos. La primera exigen-
cia, y que mayor peso tiene, es, ser atractivo físicamente. ¿Sabías que, aproximadamente un 80 por
ciento de los adolescentes en nuestra sociedad no
están conformes con su apariencia física? ¡Nada
menos que *un ochenta* por ciento!

Si le preguntas a diez adolescentes qué es lo que más contribuye a que se sientan infelices, ocho te dirán que no están conformes con algún rasgo o característica de su cuerpo. Creen que son feos (as) y que no son atractivos (as), y piensan en ese problema la mayor parte del tiempo. También creen que no le simpatizan al sexo opuesto. Las chicas piensan que son demasiado altas, y los chicos creen que son muy pequeños, o demasiado gordos o muy delgados; o se preocupan por los granos que tienen en la cara o por las pecas de la nariz o por su color de pelo o porque creen que tienen los pies demasiado grandes o porque no les gusta como tienen las uñas de las manos.

No importa lo insignificante que sea el problema; el mismo puede crear gran preocupación y depresión. La mayoría de los adolescentes se examinan a sí mismos cuidadosamente frente al espejo, para determinar cuánto daño les ha hecho la madre naturaleza, y no les gusta lo que ven. Como nadie es perfecto, por lo general encuentran algún detalle en su persona que les desagrada. Entonces empiezan a preocuparse y a inquietarse por eso, y desean no tener ese defecto en particular. ¿Te imaginas lo que es uno sentirse deprimido e infeliz por algo tan absurdo como es el tener la nariz una fracción de pulgada más larga de lo que según tú debiera ser?

Los llamados "amigos"

El hecho de que los adolescentes se vuelvan tan susceptibles respecto a sus pequeños defectos, se debe a que sus "amigos" los han molestado con bromas al respecto, avergonzándolos durante los primeros años. Desgraciadamente, con frecuencia, los niños y las niñas son muy crueles entre sí, y se lanzan insultos, en extremo hirientes, que vienen a ser como dardos envenenados. Por ejemplo, conozco el caso de una niña de tercer grado que en la escuela recibió una carta de otra niña que aparentemente la destestaba. Aquella, no le había hecho daño alguno a la autora de la nota; no obstante, la misma leía así:

Horrible Janet,

Eres la chica más odiosa del mundo. Espero que te mueras pronto, pero claro, supongo que esto no puede ser. Te voy a dar algunas sugerencias.

1. Véte a jugar en la carretera, donde pasan muchos autos.
2. Córtate la garganta con un cuchillo.
3. Tómate un veneno.
4. Emborráchate.
5. Clávate un cuchillo.

Por favor, haz pronto una de estas cosas, grandísima estúpida. Todos te odiamos mucho. Estoy orando, Señor, por favor haz que Janet se muera. Necesitamos que entre aire fresco. Me oiste, Señor, espero que lo hayas hecho, porque si no, todos vamos a morirnos aquí con ella. Lo ves, Janet, no todos somos malos.

de Wanda Jackson*

¿Alguna vez recibiste una nota como ésta? O más importante aún, ¿has *escrito*, en alguna ocasión, una carta igual a ésta? Se puede ofender a los jóvenes muy fácilmente y esta clase de mensaje hiere profundamente, y su efecto dura mucho tiempo. Tal vez Janet aún lo recuerde después de grande.

"Pigmeo" y "Mole"

Uno de los juegos de los adolescentes que más daño causa es el de poner crueles motes alusivos a alguna

---

*Tomado de *Hide or Seek*, Revell Publishers, 1974. Usado con la debida autorización.

característica diferente o poco común que posee una persona. De esta manera, se logra concentrar la atención de los demás en el rasgo de la víctima que ésta quiere ocultar más. Tal vez te pusieron un apodo o se burlaron de tu cuerpo en algún momento de tu vida. Si eres un niño pequeño de estatura, quizás te llamaban "enano" o "pigmeo". Si eres una niña alta y robusta, tal vez te decían "Grandullona" o "mole". Si tienes las orejas un poco grandes, tal vez te apodaban "orejotas". Como ves, *nadie* tiene un cuerpo ciento por ciento perfecto, y *todo el mundo* tiene algún rasgo que puede convertirse en objeto de burla. Hasta Farrah Fawcett-Majors, la bella actriz de Hollywood, dijo recientemente que tiene la boca demasiado grande. (En realidad, nunca me he dado cuenta.) Por lo menos, Farrah puede hablar de sus defectos. La mayoría de las personas tratan de ocultar los suyos porque se avergüenzan de ellos.

Para aclarar más este punto, tomemos un ejemplo. Un chico a quien llamaremos Carlitos quien tiene diez años; es saludable, fuerte e inteligente, y en sus padres encuentra todo el cariño que necesita. Dios lo ha bendecido con muchas cosas buenas en la vida, y son muy pocos los problemas que tiene. Entonces, un día, varios estudiantes durante el recreo, en el patio de la escuela, comienzan a burlarse de sus pies grandes. Le dicen "yolas" y "patotas". Supongo que sólo lo hacen por divertirse, pero Carlitos lo toma muy en serio. Se vuelve en extremo susceptible respecto al tamaño de sus pies, y se imagina que todo el mundo se ríe de él a espaldas suyas. Trata de esconder los pies debajo del pupitre en el salón de clase, e insiste en que su mamá le compre los zapatos tres números más pequeños. Con el tiempo, puede que Carlitos llegue a deprimirse y pierda el interés por vivir, en lugar de ser un muchacho feliz que goza de las bendiciones que Dios le ha dado. Este ejemplo tal vez te parezca poco realista, pero por favor, créeme, conozco a muchos que, al igual que "Carlitos", han llegado a detestarse a sí mismos debido a unos defectos totalmente insignificantes.

Si aún no eres un adolescente, es bueno que sepas que lo más probable es que no vas a estar satisfecho con tu cuerpo en el futuro. Si tu preocupación llega a ser grande, puede que te conviertas en una persona tímida o que se avergüenza con facilidad. O puede resultar todo lo contrario —que te conviertas en un joven malhumorado e irritable —porque te sientes ridículo y crees que no le simpatizas a nadie de todos modos. Es imposible precisar cuánto dolor e inquietud experimentan los adolescentes por causa de su apariencia física.

A los diecisiete

Esta preocupación se expresa en la letra de una canción popular escrita por Janis Ian. La autora obtuvo un Premio Grammy en al año 1976, por esta composición titulada "A los diecisiete".* A continuación, aparece escrita la letra de la canción, con el fin de demostrar cómo los sentimientos de inferioridad se reflejan a través de la misma.

Me enteré de la verdad a los diecisiete
Que el amor era sólo para las reinas de belleza
Y para las chicas de escuela superior que lucían sonrisas perfectas y un cutis terso
Que se casaban siendo aún muy jóvenes y después se retiraban.
Las postales de San Valentín* que nunca recibí,

---

* Letra de Janis Ian
꜔ 1974 Mine Music, LTD. (ASCAP) Usado con debida autorización
* Día de los Enamorados

Los juegos de pantomimas de juventud de los viernes
   en la noche,
Fueron disfrutados por otras más bellas que yo;
A los diecisiete, supe la verdad.
Y las que tenemos los rostros marcados
Y carecemos de encanto y elegancia natural
Permanecimos en casa, desesperadas,
Con la ilusión de que enamorados imaginarios
Llamaban por teléfono para invitarnos a salir,
Y musitaban confusas palabras obcenas.
Todo no es, lo que parece ser, a los diecisiete.
A las que sabemos lo doloroso que es no recibir postales
   de San Valentín,
Y nunca escuchar que llamaban nuestros nombres
Al escoger jugadoras para formar los equipos de balon-
   cesto.
Fue hace mucho, mucho tiempo, y en un lugar muy
   lejano;
El mundo era entonces mucho más joven
Y los sueños era lo único que se le regalaba
A los patitos feos como yo.

Aunque no conozco personalmente a Janis Ian, sí
estoy seguro de algo muy importante respecto a su
persona: ella también ha estado en el fondo del
abismo de la inferioridad. No habría podido componer
esta canción si no hubiese experimentado este sentimiento de insuficiencia en su juventud. Janis habla en
nombre de millones de adolescentes, cuando dice: "las
que tenemos el rostro marcado" (con granos y espinillas) y "las que nunca escucharon sus nombres al escoger jugadoras para formar los equipos de baloncesto".
Espero que *tú* nunca llegues a formar parte de este
enorme grupo de personas desilusionadas que apren-
den tantas dolorosas lecciones "a los diecisiete".

¿Quién es tonto?

La segunda característica que a los jóvenes les desagrada de sí mismos es el sentirse escasos de inteligen-

cia (o tontos). A menudo, este sentimiento surge muy temprano durante los años de escuela elemental, cuando el niño tiene dificultad para aprender. Puede ser que, o bien le cuesta mucho trabajo aprender a leer, y entonces empieza a preocuparse por este problema, o que dice abruptamente respuestas que provocan risa entre sus compañeros. Poco a poco, se va haciendo de la idea de que todos en el salón de clase (incluyendo la maestra) creen que él es estúpido, y esto crea aquellos mismos sentimientos de inferioridad.

A mayor fracaso de un alumno en la escuela, mayor será su desaliento. Lo más probable es que sus compañeros le pondrán apodos crueles, tales como "tonto" "bobo" o "burro". Si estos insultos llegan a herir demasiado al niño, tal vez éste pierda por completo el interés en la escuela, e inclusive hasta puede darse por vencido. Esta situación crea un círculo vicioso; el rehusarse a trabajar, trae como consecuencia mayor fracaso. Esto, a su vez, aumenta la burla por parte de sus compañeros en el salón de clase, lo cual reduce su deseo de esforzarse, resultando así en más fracaso aún . . . y así sucesivamente. A la larga, este individuo llega a la horrible conclusión de que su cerebro está funcionando mal, y con toda seguridad, va a fracasar en la vida. Es terrible estar convencido de que uno no vale nada como ser humano.

También los padres, sin querer, pueden hacerle creer a sus hijos que no son muy inteligentes. Los adultos también son seres humanos y pierden la paciencia y se cansan, igual que tú. Al encontrarse en este estado, puede que en un momento dado, se alteren e insulten a sus hijos con palabras que han de herirlos profundamente, y que éstos recordarán durante toda su vida.

De esta manera, los niños crecen con la idea de que

son estúpidos y tontos, y ésta es la segunda causa de que el sentimiento de inferioridad esté tan generalizado entre los estudiantes de escuela intermedia y superior.

El dinero como medida de valor

El tercer criterio por el cual se rigen los jóvenes para determinar el valor de las personas es el dinero. Para ellos, la familia rica es más importante que la pobre, y para lograr aceptación y ganar popularidad, los jóvenes tienen que vestir de cierta manera, o el auto de sus padres tiene que ser de una marca específica, o la familia tiene que residir en una casa espaciosa localizada en un sector exclusivo de la ciudad o el padre tiene que dedicarse a cierta clase de empleo. El joven que no puede cumplir con estos requisitos a veces se siente inferior e inepto. Todo el mundo usa suéters, pero él tiene que usar camisas que están gastadas por el borde. Este problema de índole económico no es tan común hoy en día como solía serlo en el pasado, por la sencilla razón de que en la actualidad son más las personas que pueden adquirir lo indispensable para vivir. Sin embargo, algunas familias aún viven en la pobreza, y aquellos niños que, por falta de dinero, no pueden ser iguales a sus amigos, a veces se sienten inferiores, por el hecho de ser pobres.

La belleza física, la inteligencia y el dinero son las tres cualidades de más alta estima en nuestra sociedad. Y cuando los estudiantes de escuela intermedia descubren por primera vez que carecen de uno de éstos (o de los tres), desesperados, se precipitan hacia abajo. Para ellos, el "puente" se ha desplomado, quedando un oscuro cañón en el fondo del abismo.

Ahora bien, si tú eres uno de esos jóvenes que *ya* se siente infeliz por la vida que llevas —si te sientes inconforme con tu persona, y quisieras escaparte de algún modo, simplemente huyendo y dejando todo atrás, o si te han herido profundamente con palabras crueles, te voy a dar algunos consejos que tal vez te ayuden.

1. Acepta el hecho de que no estás solo.

Lo primero que debes hacer es observar a las personas que te rodean y trata de descubrir si hay sentimientos de inferioridad escondidos. Mañana, cuando vayas a la escuela, observa en silencio a los estudiantes que van y vienen. Algunos sonreirán y reirán y conversarán mientras llevan sus libros y juegan beísbol. Si no los miras con detenimiento, nunca te darías cuenta de que tienen preocupaciones. Pero te aseguro que muchos de ellos comparten tus mismas inquietudes. Estas dudas se reflejan de distintas maneras. Puede que los jóvenes se muestren muy tímidos y reservados o demasiado irritables y crueles o hagan tonterías o tengan miedo de participar en algún juego o concurso o se sonrojen con frecuencia o se muestren arrogantes y engreídos. Pronto aprenderás a distinguir los síntomas de inferioridad, y entonces te darás cuenta que ¡es una enfermedad *muy* común y corriente! Cuando comprendas del todo que otras personas se sienten igual que tú, entonces *nunca más debes sentirte solo*. Te sentirás más seguro al saber que todo el mundo le teme a las situaciones embarazosas y a hacer el ridículo —y que todos encontramos en el mismo bote que hace agua, tratando de tapar los agujeros para evitar que se hunda. ¿Y me creerías si te digo que por poco *me ahogo* en ese mismo bote que hace agua cuando tenía catorce años?

2. Hazle frente a tu problema.

La segunda sugerencia que espero te sirva de ayuda es que debes enfrentarte al problema que te está molestando. Brega directamente con la idea que te ha estado bullendo bien adentro en la mente o que has albergado en lo más profundo de tu corazón, como una nube negra que pende sobre tu cabeza de día y de noche. Te sugiero que te retires a solas donde nadie interfiera con tus pensamientos. Entonces, haz una *lista* de todas las cosas que más te desagradan sobre ti mismo. Nadie verá este papel, sólo la persona a quien tú decidas mostrárselo; así que sé completamente sincero. Anota todo lo que te ha estado molestando. Inclusive enumera los rasgos en tu carácter que te disgustan, incluyendo el hecho de que tiendes a molestarte y luego te desahogas (si esto se aplica en tu caso).

Define tus problemas más graves lo mejor que puedas. ¿Te sientes frustrado y enojado con las personas, y luego te arrepientes? ¿O es acaso tu timidez lo que te impulsa a sentir temor cuando estás en compañía de otras personas? ¿O es acaso que no puedes comunicar tus ideas —expresar con palabras lo que piensas? ¿Es tu problema una actitud de indolencia o crueldad hacia otras personas, o es tu apariencia física? Sea lo que sea que te está preocupando, descríbelo lo mejor que puedas. (Lo más probable es que necesites una gran cantidad de papel porque la mayoría de las personas encuentran demasiadas cosas que les disgustan sobre sí mismas.) Sé completamente franco en este ejercicio escrito; no ocultes nada. Entonces, cuando termines, repasa la lista y ponle una marca a los puntos que más te preocupan —los problemas a los cuales le dedicas la mayor parte del tiempo y que más te perturban.

Busca un amigo sincero

Ahora estás preparado para hacer algo que mejore tu situación. Escoge una persona en quien confías plenamente. Tu selección debe ser un adulto, que entienda los problemas de los jóvenes. Puede ser tu padre —o tu maestro, tu consejero o tu pastor. Tú mejor que nadie sabes quién es la persona indicada. Muéstrale tu lista a este líder de confianza, repásala con él y plantéale cada uno de tus problemas. Expresa abiertamente tus sentimientos y pregúntale a tu amigo qué soluciones tiene para resolver esos problemas que te preocupan.

Es muy probable que muchos de los problemas que te están agobiando, ya han sido resueltos por otras personas, y la experiencia de ellas puede beneficiarte mucho también. En otras palabras, puede que haya una solución fácil, disponible a tu alcance. Tal vez no tengas que ir por la vida luchando con los mismos problemas que han agobiado a otras personas. Así, pues, el primer paso consiste en trazar un plan de acción, establecer un método que emplearás para solucionar tus problemas. Te sentirás mucho mejor después que hayas expuesto tus inquietudes abiertamente, y tal vez entonces encuentres alguna solución satisfactoria.

La fogata del compromiso

Pero, ¿qué vas a hacer con los puntos que quedan en la lista y que no pueden cambiarse? ¿Qué vas a hacer con los problemas más difíciles, y que no tienen solución? *Es sabio recordar que la mejor forma de mantener una mente sana es aprendiendo a aceptar aquellas cosas que no se pueden cambiar.* Siempre habrá circunstancias que quisiéramos modificar o eliminar. Sin embargo, las personas más felices del mundo no son aquellas que carecen de problemas, sino las que han aprendido a vivir con esas cosas que son poco menos que perfectas.

Te sugiero, entonces que tomes lo que queda en tu

lista de "problemas sin solución" y te traslades a un lugar privado donde puedas encender una pequeña fogata. Tal vez quieras que tu amigo consejero esté presente en esta ceremonia. Entonces, quema ese papel como un acto simbólico de que le entregas los problemas a Dios y que ahora le pertenecen a El. Eleva una oración que contenga este mensaje (expresado en tus propias palabras):

> Querido Jesús, te estoy trayendo todos mis problemas y preocupaciones a ti, esta noche, porque tú eres mi mejor amigo. Tú conoces bien cuáles son mis virtudes y defectos porque tú me hiciste. Por eso es que estoy quemando este papel ahora. Al hacerlo, te estoy entregando mi vida entera . . . mis cualidades y también mis fallas, debilidades y fracasos. Te pido, Señor, que me uses conforme a tu voluntad. Hazme la clase de persona que tú quieres que sea. Y desde este momento, no voy a preocuparme más por mis defectos y fallas.

Dios nos conoce y se preocupa por nosotros

Estoy seguro de que experimentarás el calor y el amor de Dios y sentirás que ha escuchado tu petición. Al elevar esta oración, le estás diciendo: "Quiero que se cumpla tu voluntad en mi vida, no porque yo sea un chico (o chica) excepcional, sino porque tú has prometido ayudar a aquellos que reconocen sus debilidades. Dependo de *tu* poder y de *tu* fortaleza para que transformes mi vida y la conviertas en algo hermoso". La Biblia nos enseña que si reconocemos humildemente nuestra dependencia del Señor, ¡El la honrará!

¿Sabías que Dios te ve cuando te sientes ofendido? El conoce bien cuáles son esos temores íntimos y frustraciones que tú pensaste nadie comprendía. El conoce los deseos de tu corazón, y siempre está presente cuando las lágrimas se asoman a tus ojos y caen por tus mejillas . . . en esos momentos en que sientes que estás completamente solo. En realidad, Dios nos ama tanto, a ti y a mí, que envió a su único Hijo al mundo a morir por nosotros. ¡Eso sí que es un amor grande y verdadero! Estoy seguro de que Jesús hubiese muerto por mí (o por ti) aunque yo fuera el único hombre en la tierra. Tanto así se preocupa El por nosotros.

Si Dios puede amarnos tanto, tal como somos, ¿por qué no podemos aceptarnos a nosotros mismos? Probablemente ésa es la mejor pregunta del año.

Algo hermoso, algo bueno

Bill Gaither compuso una canción, cuya letra dice así: "Algo hermoso, algo bueno sucedió; toda mi confusión El comprendió. Sólo podía ofrecerle imperfecciones y conflictos, pero El convirtió mi vida en algo hermoso". Dios puede hacer lo mismo con la *tuya*. Si lees la Biblia —y espero que así sea —descubrirás que Dios no escoge a personas de cualidades excepcionales o extraordinarias para que realicen su obra. A través de los siglos, selecciona a personas comunes y corrientes que poseen fallas como seres humanos; individuos que distan mucho de ser perfectos, para que lleven a cabo su labor. Cuando Jesús estaba escogiendo a sus discípulos, no seleccionó a los hombres más influyentes de su época, o a los que gozaban de mayor popularidad en el país. Escogió a pescadores comunes y corrientes, e inclusive seleccionó a un recaudador de impuestos, odiados por todos en la comunidad.

Envía a otro

Tal vez también recuerdes la historia de Moisés y la experiencia que tuvo con la zarza ardiendo, según lo relata el Libro de Exodo. Dios le estaba hablando a Moisés por medio de la zarza, y le dijo algo así; "Moisés, tengo una encomienda muy importante para ti. Quiero que le digas a Faraón que le ordeno que deje ir a mi pueblo".

Bueno, la verdad es que Moisés se sentía inferior e inepto, como le ocurre a tantas personas hoy en día. Su respuesta fue la siguiente: "Mira, Señor, ¿por qué no envías a otra persona? Sé que cuando llegue al palacio del Faraón, van a reirse de mí. Hasta podrían meterme a la cárcel. Señor, creo que lo mejor es que envíes a otro". Y entonces Moisés le dijo a Dios lo que *en realidad* lo estaba molestando —reconoció el motivo por el cual se sentía inferior: "Y por cierto, no quería mencionar esto, Señor, pero tú sabes que soy tartamudo. No tengo facilidad de palabras . . . no puedo hablar bien. Cuando trato de hablar en un momento importante, las palabras se me enredan todas en la boca. Señor, no soy el hombre indicado para el trabajo. Prefiero quedarme en casa, si no te importa".

El versículo catorce del capítulo cuatro de Exodo, dice de esta manera: "Entonces Jehová se enojó contra Moisés". El Señor estaba disgustado con Moisés porque se valía de la inferioridad como pretexto. El propósito de Dios era estar con Moisés y ayudarlo. Por eso no quería que aquel se escudara en el pretexto de la inferioridad. El Señor no quiere que *tú* utilices esta excusa de la inferioridad, porque El te ayudará a cumplir lo que te ordene. Cuando regreses mañana a la escuela y sientas temor de los demás alumnos—miedo de que vayan a reirse de ti o que vayan a excluirte del grupo —recuerda que no estás solo. Está contigo el Dios Poderoso quien creó todo el universo. El puede convertir tu vida en algo hermoso, si sólo le permites que se haga cargo de todo.

3. Compensa tus debilidades con tus puntos fuertes.

¿Estás listo para escuchar la tercera sugerencia? Una palabra muy importante, y cuyo significado debes comprender, es el término, *compensar*. Aunque el mismo suene como algo muy complicado, en realidad su significado es muy fácil de comprender. Compensar significa *contrarrestar tus fallas reforzando tus puntos fuertes*. Aplicando este concepto a los problemas irresolubles que figuran en tu lista y que más te molestan, puedes establecer un *equilibrio*, por así decirlo, entre los aspectos negativos y los positivos si desarrollas plenamente otras destrezas y talentos.

No todo el mundo puede ser la chica más bonita o el chico más guapo de la escuela. Si reconoces este hecho, razona lo siguiente: "Está bien, ¿y qué tiene eso de malo? Muchas personas están en la misma situación y en realidad no me importa. Mi valor como ser humano no depende de mi apariencia física. Voy a poner todo mi empeño en algo que me ayude a sentirme satisfecho de mí mismo. Llegaré a ser el mejor trompetista de la banda, o trabajaré con ahínco en mi empleo a tiempo parcial, o me dedicaré a criar conejos como pasatiempo y para ganar dinero, o voy a obtener buenas calificaciones en la escuela, o trataré de cultivar muchas amistades, o me convertiré en un buen jugador de baloncesto, o seré un gran pianista o tocaré bien la batería o trataré de desarrollar un carácter afable (en eso casi todo el mundo puede esforzarse) o aprenderé a jugar tenis, o me convertiré en una costurera, o dibujaré o pintaré cuadros para expresarme por medio del arte, o escribiré poemas o cuentos cortos, o me convertiré en una excelente cocinera". O tal vez podrías recibir entrenamiento especializado para entretener a niños pequeños y llegar a ser un experto en el cuidado infantil.

Ya ves que el éxito *te* aguarda; sólo tienes que buscarlo. Puedes aprender a aprovechar al máximo lo que tienes, y ése es el primer paso para desarrollar confianza en ti mismo y aceptación. No te dolerá tanto el rechazo de otras personas al saber que tienes éxito en lo que emprendas. Así que, desarrolla algún talento que te haga sentirte orgulloso de ti mismo, y verás que, poco a poco, mejorará el concepto que tienes de ti mismo. Empezará a agradarte tu persona un poco más, y cuando te sientas más satisfecho contigo mismo, también lo estarán otras personas.

4. Procura cultivar amistades sinceras.

He aquí la cuarta sugerencia: *Nada contribuye más a que adquieras confianza en ti mismo como el tener amigos sinceros.* Cuando sabes que le simpatizas a los demás, es mucho más fácil aceptarte a ti mismo. No tienes que ser hermoso o muy inteligente o rico para simpatizarle a los demás. "La mejor manera de *tener* un amigo es *siendo* un buen amigo de los demás". Ese es un refrán muy antiguo, pero que aun sigue siendo muy cierto.

¿Cómo puedes trabar nuevas amistades rápida y fácilmente? No olvides que las personas con quienes tratas a diario tienen exactamente los mismos problemas que te he estado exponiendo. Una vez comprendas este hecho, sabrás cómo llevarte bien con ellas y ganarte su estimación. Nunca te burles de otras personas ni las ridiculices. Demuéstrales que tú las respetas y las aceptas, y que son importantes para ti. Proponte adoptar esta clase de afecto hacia las personas.

Pero no puedes fingir que sientes respeto hacia los demás; tiene que ser un sentimiento genuino. La gente se da cuenta enseguida cuando no es algo auténtico.

Aprende a defender la reputación de otras personas, y ellas harán lo mismo con la tuya. Identifícate con sus sentimientos, pues sus necesidades son las mismas que las tuyas. Sé compasivo con ellas, nunca actúes con mala intención ni te muestres sarcástico. Tal vez pienses que te estás saliendo con la tuya al insultar a otras personas o al burlarte de los errores que cometen. Pero se vengarán de ti; no olvidarán fácilmente tus insultos. Tal vez no te golpeen en la nariz (¡o quizás lo hagan!) y puede que no lloren o huyan y tal vez ni siquiera te respondan cuando las trates con crueldad. Pero, con toda probabilidad, tratarán de cobrarte el daño que les hiciste en cuanto tengan una oportunidad. Hablarán mal de ti o tratarán de predisponer a los demás en contra tuya.

La amistad vale la pena

Afortunadamente, lo contrario también es cierto. Cuando le brindas tu amistad a alguien, éste recordará tu gesto generoso y buscará las formas de corresponder a tu bondad. Te sorprenderás de cuántos amigos puedes ganar al mostrarte comprensivo; al "sacar la cara" por otras personas cuando cometen un error; al defenderlas cuando otros quieren ridiculizarlas. Te darás cuenta de que esta compenetración lleva a la amistad, que a su vez, aumenta más la confianza en ti mismo.

Uno de los deberes fundamentales en la vida cristiana es demostrar interés por las demás personas— darles una sonrisa y ser amigo de los que no tienen amigos. Como ves, Dios quiere usarte para que ayudes a sus otros hijos que se sienten inferiores. El dice en su Palabra: "¡En cuanto no lo hicisteis a uno de estos más pequeños, tampoco a mí lo hicisteis!" Si empiezas a vivir la vida cristiana así como nos dice la Biblia, sé que aumentará la confianza en ti mismo, y Dios te bendecirá por ello. El Señor honra a aquellos que le obedecen.

Los valores divinos

Quiero recalcar nuevamente que las cualidades que nuestra sociedad tiene en más alta estima—la belleza, la inteligencia y el dinero—deben considerarse desde el punto de vista cristiano. Estos son los valores *humanos*, pero no son los valores *divinos*. Dios no mide el valor de las personas igual que lo hacemos los seres humanos. El Señor enfatiza en su Palabra que cada uno de nosotros vale más que las riquezas o bienes materiales de *todo* el mundo. Nuestro valor se debe a que somos seres humanos—y no depende de nuestra apariencia física, ni tampoco de la persona con quien estamos casados, ni de lo que hacen nuestros padres, ni de la cantidad de dinero que tenemos ni del éxito que hemos alcanzado en la vida. Estas normas terrenales carecen de toda importancia.

¿Sabías que la Biblia nos dice que Dios en realidad odia las tres cosas que el mundo estima más? Lucas 16:15 dice: "porque lo que los hombres tienen por sublime, delante de Dios es abominación". El desprecia lo que nosotros apreciamos mucho, porque ello nos impide desarrollar confianza en nosotros mismos, y obstaculiza la obra que debiéramos realizar para El. Esos falsos valores pueden impedir que te conviertas en un padre ejemplar o en un eficiente empleado o en un exitoso hombre de negocios. Pero sobre todo, estos falsos valores pueden interferir con tu vida cristiana, haciéndote creer que ni siquiera Dios te acepta como persona. Los valores pasajeros que son la belleza, la inteligencia y el dinero son normas que se emplean para evaluar a las personas, y es por eso que Dios los odia tanto. El criterio que El utiliza para juzgar al hombre le confiere un valor de carácter eterno a cada uno de nosotros, ¡*incluyéndote* a *ti* y a *mí*!

Para resumir, debo dirigirme a aquellos que aún no han experimentado sentimientos de inferioridad. Espero que recuerdes el ejemplo del auto que viaja por la carretera. No tienes que caerte por ese oscuro precipicio; no hay necesidad de que tropieces y caigas en el abismo, junto con los demás autos destrozados que están en el fondo del abismo. Puedes desviarte por otro lado, y evadir el peligro. No permitas que te sobrevenga el desastre. No hagas caso de esa vocecita interior que te dice: "No sirves para nada; eres un fracasado; algo anda mal en ti; eres feo; tu mente no funciona bien; eres diferente a los demás; todos se están burlando de ti, creen que eres un tonto; vas a fracasar en la vida; todo te va a salir mal".

¡No creas eso! Conduce tu auto con cuidado y evade el abismo de la inferioridad. ¡Dios te ayudará a lograrlo!

dos

Todo el mundo lo hace

¿Qué significa para ti el término "*conformidad*"? ¿Es sólo una palabra complicada que figura en el diccionario, o se relaciona directamente con tu vida cotidiana? Aunque nunca antes hayas empleado el término, debes conocer bien su significado. Va a desempeñar un papel importante en tu vida, durante la adolescencia.

La palabra "conformidad" se refiere al deseo de ser simplemente igual a todo el mundo—actuar como lo hacen los demás, hablar como ellos, pensar igual que ellos y vestir igual que ellos. Un conformista es un individuo que tiene miedo de ser diferente al grupo; siente una gran necesidad de ser igual a todo el mundo. Conformarse significa adoptar las ideas, la forma de caminar, hablar y vestir que está de moda en ese momento. En nuestra sociedad existe una *enorme* presión que actúa sobre nosotros para que nos acomodemos a las normas del grupo.

Las deprimentes reuniones de orientación

La conformidad no es un problema que se da sólo entre los adolescentes. A continuación voy a describir una situación que surgió en un grupo de adultos, y que constituye un ejemplo clásico de conformidad. Cuando comencé a trabajar en el Hospital de Niños en Los Angeles, tuve que asistir a una "reunión de orientación". La asistencia a dicha reunión es obligatoria para las personas que son nuevas en un empleo. Es un curso de entrenamiento preparado por el patrono, con el fin de que el nuevo empleado se familiarice con la organización que ha contratado sus servicios. Pero desgraciadamente, estas reuniones por lo general suelen ser muy aburridas—¡tal parece como si se planificaran con ese fin únicamente! Los conferenciantes hablan sin parar sobre los programas de jubilación y el Seguro de la Cruz Azul, y sobre el uso correcto del teléfono y temas análogos, los cuales son sumamente áridos. Como sabía lo que me esperaba, me disgustaba la idea de tener que asistir a la reunión de orientación en el hospital.

Sin embargo, llegué a la hora señalada: las nueve de la mañana. Había doce empleados nuevos reunidos en la sala de conferencias ese día, y dio la casualidad que yo era el único hombre. Las once mujeres eran jóvenes, y supuse que casi todas eran secretarias u oficinistas, siendo éste, con toda probabilidad, su primer empleo. El ambiente que reinaba allí, esa mañana, era de "hielo glacial". En otras palabras, las mujeres eran extrañas, y parecían asustadas y tensas. Entraron silenciosamente y se sentaron alrededor de una mesa grande, que tenía la forma de una herradura, pero ninguna de ellas hablaba, a menos que le dirigieran la palabra. Si alguna tenía algo que decir, se inclinaba y se cubría la boca con la mano para que las demás no escuchasen lo que decía.

El café: la única esperanza

Se me ocurrió que la única alternativa posible de que nos mantuviésemos todos despiertos durante las próximas dos horas era que el director nos ofreciera bastante café—¡era nuestra única esperanza! Y en efecto, en una mesa colocada en un rincón del salón, había una cafetera grande colando café. Sin embargo, el mismo no se mencionó para nada. Lo único que se me ocurre pensar es que tal vez acababan de enchufar la cafetera hacía pocos minutos, y aún no había colado. No obstante, era evidente que las once mujeres estaban pensando en el café, porque cada vez que la cafetera chisporroteaba se volteaban en dirección a la misma. Lo que, es peor, también había donas en colores en la mesa, y su delicioso aroma impregnaba todo el salón. Pero nunca se mencionaron las golosinas.

La dama encargada de la orientación se dirigió al frente e inició su largo discurso. Su voz era seca y monótona y embistió el primero de los 42 temas que aparecían en una lista. Habló durante más de una hora, y aún no se mencionaba para nada el café. Las mujeres bostezaban soñolientas, se recostaban sobre un codo, y miraban de vez en cuando en dirección a la cafetera.

Finalmente, después de una interminable introducción, la líder dijo: "Bien, ahora tendremos un receso para tomar café". Sin embargo, no iba a enviar a las once damas a la mesa del café simultáneamente. En cambio, se le ocurrió una idea mejor. Se volvió hacia una de las empleadas que estaba sentada a un extremo de la mesa y le dijo: "¿Quiere pasar por la mesa y servirse una taza de café?"

Bueno, esta joven era muy tímida, y no estaba

segura si quería ser la primera en levantarse. Sabía bien que hay muchas maneras en que una persona puede "ponerse en ridículo" al hacer lo que sea, frente a un grupo de personas. Podía tropezar al dirigirse a la mesa, o la válvula podía quedarse atascada en la cafetera o podía quemarse al volver. La observé mientras ella daba una mirada por el salón y pesaba los riesgos que conllevaba el aceptar la invitación. Al cabo de unos momentos, bajó la vista y respondió: "No gracias, no tengo deseos".

Yo *sabía* que ella quería una taza de café. Estaba claro lo que pensaba hacer; esperaría que los demás fueran a la mesa de obsequios, y entonces, iría silenciosamente a buscar una taza de café ¡sin arriesgarse! De esa manera, su *yo* no correría peligro alguno. Me pareció graciosa su conducta, pero me limité a observar a la joven, en silencio, desde el lado opuesto de la mesa, donde estaba sentado.

El miedo espantoso de aceptar la invitación para tomar café

Entonces, la dama a cargo de la orientación, se volvió a la chica que estaba junto a la primera, y le dijo: "¿Y usted, quiere una taza de café?"

Pero, como ves, la segunda joven tuvo que enfrentarse a los mismos riesgos que asustaron a la primera, pero ahora se había sumado uno más. El grupo ya había "hablado" por medio de la primera chica, diciendo: "No vamos a tomar café hoy". Aunque sólo se había emitido un "voto", éste era unánime. La presión que ejercía el grupo sobre la segunda chica era demasiado fuerte también, así que contestó: "No gracias". ¡Esta respuesta convirtió la votación en dos a cero!

La invitación para tomar café entonces se extendió

a la tercera chica. —¿Gusta una taza de café? —preguntó la líder.

—No gracias —contestó la empleada.

Entonces la presión aumentó. Era evidente que se esperaba que nadie tomara café ni comiera donas. Para asombro mío, todas las mujeres rehusaron una por una, los obsequios que les ofrecían. Cuando le llegaba el turno a cada una, ésta respondía negativamente. Pero cuando me tocó a mí el turno, contesté: "Sí gracias, tomaré una taza".

¿Lo creerías si te digo que cuando me levanté para buscar mi taza de café, *¡once mujeres también se levantaron y me siguieron hasta la mesa!* Miré hacia atrás y vi que venían detrás de mí. Pensé que lo más correcto sería que el caballero se hiciese a un lado y le cediera el turno a las damas primero, y el resultado fue ¡que me tardé quince minutos en llegar a la mesa de las golosinas!

¿Verdad que es asombroso descubrir el miedo espantoso que tenemos unos de otros? ¡Ni siquiera nos atrevemos a servirnos una taza de café si no es socialmente aceptable en un momento dado! Tenemos un miedo terrible de que alguien se ría de nosotros o nos ridiculice, o de equivocarnos frente a los demás. Inclusive una acción tan insignificante como lo es el hecho de servirse una taza de café puede convertirse en algo aterrador si creemos que el resto del grupo no lo aprueba. El resultado de esto es que limitamos nuestra conducta, realizando sólo aquellos actos que estamos seguros no representan riesgo alguno, ni nos ponen en ridículo. Nos conducimos así para eliminar toda posibilidad de que alguien pueda reírse de nosotros.

El temor creado por los pantalones acampanados

La presión de la conformidad es tan fuerte en algunos individuos, que éstos se sienten incómodos si tienen *algo* que los hace diferente a los demás. Si los pantalones acampanados están "de moda" entre los jóvenes, ¡pobre del chico que no caiga en cuenta y use pantalones estrechos! Si una chica tiene un andar gracioso o habla ceceando, puede que se rían de ella todos los días. Si los autos que están de moda entre los estudiantes de escuela secundaria son los de marca "Chevrolet" y "Ford", más vale que un chico no compre uno marca "Plymouth". ¡Eso sería una grave ofensa para toda la comunidad estudiantil! Como ves, cualquier leve variación, cualquier cambio que altere lo dictado por el grupo, se convierte en una violación de las normas establecidas. Señalan al culpable con el dedo, y hablan de él en forma ofensiva, haciéndole sentirse muy incómodo.

Quiero que comprendas que esta presión que se ejerce para lograr conformidad llega a su punto crítico durante la adolescencia. Es por eso que los adolescentes a menudo se encuentran en "manadas", como un rebaño de ovejas, como lo veremos más adelante.

El juego de las tarjetas

Un equipo de médicos decidió llevar a cabo un experimento para estudiar cómo la presión de grupo actúa sobre los jóvenes. Con este propósito, los médicos reunieron a diez adolescentes en una habitación, indicándoles que se proponían medir la "percepción visual" de ellos, para determinar con cuánta claridad cada alumno podía "ver" la parte del frente del salón desde el lugar donde estaba sentado.

En realidad, los adolescentes estaban bastante cerca del frente, y todos podían ver relativamente bien. Lo que los doctores estaban estudiando *en realidad*, no era la capacidad visual de los estudiantes, sino los efectos de la presión de grupo.

Los médicos comenzaron con las siguientes instrucciones: "Nosotros vamos a mostrarles algunas tarjetas desde el frente del salón. En cada tarjeta hay tres líneas—Línea A, Línea B y Línea C—y cada una tiene un largo diferente. En algunos casos, la Línea A será la más larga de las tres; en otros, la Línea B será más larga, y en otros, la Línea C será la más larga. Les vamos a mostrar varias docenas de tarjetas en las cuales el orden de las líneas va a variar. Las sujetaremos en alto y señalaremos la Línea A, la B, y la C en cada tarjeta. *Cuando apuntemos a la línea más larga, por favor levanten la mano para indicar que ustedes saben que ésa es más larga que las otras*". Repitieron las instrucciones para cerciorarse de que todos comprendían el procedimiento, y entonces mostraron la primera tarjeta, y apuntaron a la línea de arriba.

El propósito del juego

Lo que uno de los alumnos ignoraba era que los otros nueve estudiantes habían recibido instrucciones previas de votar por la *segunda* línea más larga. En otras palabras, se les indicó que votaran equivocadamente.

Los doctores sostuvieron en alto la primera tarjeta, y señalaron la Línea A, que era obviamente más corta que la Línea B. Aquí, los nueve alumnos levantaron la mano, según lo acordado de antemano. El chico bajo estudio, miró a su alrededor con incredulidad. Era evidente que la Línea B era la más larga, pero al parecer, todo el mundo pensaba que la Línea A era más larga. Más adelante, el chico confesó que había razonado lo siguiente: "Quizás no estaba atendiendo cuando dieron las instrucciones. Tal vez entendí mal lo que había que hacer, así que lo mejor es hacer lo que todos hacen o de lo contrario, van a reírse de mí". Así que, lentamente, levantó la mano junto con el resto del grupo.

Entonces los encargados del experimento volvieron a repetir las instrucciones: "Voten por la línea *más larga*; levanten la mano cuando señalemos la línea *más larga*".

¡No pudo haber sido más fácil! Entonces mostraron la segunda tarjeta, y otra vez, ¡nueve personas votaron por la línea equivocada! El chico, desconcertado, se puso más tenso, debido al dilema en que se encontraba, pero, finalmente, levantó la mano junto con el grupo, una vez más. Una y otra vez votó con los otros, aunque sabía que ellos estaban equivocados.

Este joven en particular no es diferente a los demás. En realidad, *más de un 75 por ciento de los jóvenes que se sometieron a esa prueba reaccionaron de la misma manera. ¡Se quedaron allí sentados afirmando una y otra vez que una línea corta era más larga que una línea larga!* Sencillamente no tuvieron el valor de decir: "El grupo está equivocado. No sé por qué, pero muchachos, todos ustedes están confundidos". Un pequeño porcentaje— soló un 25 por ciento— tuvo el valor de enfrentarse al grupo, aun cuando la mayoría estaba claramente equivocada. ¡Este es el resultado de la presión de grupo en una persona insegura!

Un amigo: fuente de valor

Este estudio reveló otro aspecto sumamente interesante. *Si había por lo menos otro alumno* que aceptara (votara por) la línea correcta, entonces aumentaban, en forma considerable, las probabilidades de que el individuo bajo estudio también hiciera lo que él consideraba lo correcto. Esto significa que si tienes *aunque sea un amigo* que se una a ti para hacerle frente al grupo, lo más probable es que cobres mayor valor también. Pero cuando estás solo, es bastante difícil que mantengas tu posición.

Ahora, cabe preguntar lo siguiente: ¿Por qué es tan fuerte la presión social durante la adolescencia? ¿Por que le tenemos tanto miedo al rechazo del grupo? ¿Por qué tenemos que hacer lo que nos dictan aquellos de nuestra misma edad? ¿Por qué no podemos ser independientes? Para contestar estas preguntas hay que regresar al tema de la inferioridad.

Lo que pasa es que, cuando te sientes inútil y como un tonto, —cuando no te agrada tu persona— entonces te asusta más el hecho de que puedan reírse de ti. Careces de la confianza en ti mismo que se necesita para ser diferente. Tus problemas te parecen ya lo suficientemente graves, y no hay por qué agravarlos oponiéndote a los deseos de la mayoría. Así que te vistes y hablas como ellos te indican que lo hagas, y piensas igual que el grupo. Te da miedo levantarte buscar una taza de café o alzar la mano para defender lo que sabes que está correcto, o expresar tus propias ideas. Más que nada en el mundo, quieres conducirte de la forma más "segura" posible. Estos tipos de comportamiento todos tienen algo en común: son el resultado de los sentimientos de inferioridad.

Dean Martin dijo en una ocasión: "Muéstrame a un hombre que ignore el significado de la palabra "miedo" y yo voy a mostrarte a un ¡estúpido que recibe muchas palizas!" Sin embargo, en el caso que nos ocupa, no es en realidad, miedo a recibir una "paliza", sino temor de ser rechazado por el grupo— miedo de que no te inviten a una fiesta . . . miedo de no simpatizarle a las personas . . . miedo al fracaso.

Los coros de adolescentes

Si quieres cerciorarte de que existe esta conformidad, echa un vistazo a tu alrededor. La próxima vez que escuches a un coro de adolescentes, en la iglesia o en la escuela, observa con detenimiento a sus miembros. Te darás cuenta de que ¡todas las chicas llevan exactamente el mismo peinado! Si está de moda el pelo largo natural, entonces todas las muchachas llevarán el cabello largo y lacio, a la altura de los hombros. Serán *muy* pocas las excepciones. Quizás ninguna de las chicas se atreva a rizarse el pelo. Pero si por el contrario, están de moda los postizos o el cabello rizo, o peinado hacia atrás, todas las chicas lucirán exactamente igual. Es evidente que han hecho todo lo posible para parecerse a sus amigas.

Hace apróximadamente un año, escuché a un coro de adolescentes que interpretaba la composición titulada "Avanza su verdad", durante un concierto que ofrecía en la ciudad de Miami. La misma, es una canción de un impacto emocional tremendo y uno puede dejarse llevar por la emoción mientras canta: "Gloria, gloria, ¡aleluya! ¡Avanza su verdad!" Había unos sesenta adolescentes en el coro, y mientras cantaban, una chica de la primera fila se emocionó tanto que se desmayó. El director la vio desplomarse, pero no quería echar a perder el número, así que continuó dirigiendo el coro. Varios adultos se congregaron alrededor de la joven desmayada y la ayudaron a volver en sí. Sin embargo, cuando esa joven perdió el conocimiento, la idea de un posible desmayo se inculcó en las mentes sensibles de los cincuenta y nueve jóvenes restantes.

Al cabo de seis segundos, otro chico, en la última fila se puso pálido, y entonces, se desplomó, desapareciendo de la vista de todos. En ese momento, la "idea" del posible desmayo cobró mayor fuerza aún. Cada uno de los miembros del coro estaba pensando: "¿Me iré a desmayar? ¡Creo que me siento un poco mareado!"

En efecto, el tercer joven se desplomó de uno de los escalones, haciendo un ruido sordo al caer. Entonces, comenzó a regarse como la pólvora . . . ¡el cuarto, quinto y sexto! Cuando el coro estaba a punto de concluir cantando la frase final ("avanza su verdad") ¡*veinte* chicos yacían tendidos en el suelo! ¡Esto es conformidad llevada al extremo!

La presión de la conformidad

Hay ocasiones en que esta presión de grupo puede resultar más absurda aún. A los adultos, los anunciantes de televisión nos han dicho que tenemos que lucir iguales. Nos advierten, por ejemplo, que el "pelo mojado no tiene vida". Esto significa que ya nadie usa grasa en el cabello; y si la usas como se usaba durante los años cincuenta y sesenta, algo anda mal en ti.

Las personas mayores se sienten incómodas porque se les recalca el hecho de que están envejeciendo. ¿Verdad que eso es absurdo? Hay más de cuatro billones de habitantes en la Tierra y cada uno de nosotros se está poniendo viejo. ¡No hay una sola persona en el planeta que no esté envejeciendo! (¡En el momento que dejes de envejecer, vas a tener un grave problema!)

No obstante, a los adultos se les crea un sentimiento de inferioridad, debido a los indicios normales de la edad. Esta tremenda presión nos convierte en moldes exactamente iguales, llegando a ser autómatas en vez de seres humanos.

Piensa en el problema

Tomemos en consideración algunas preguntas importantes. ¿Por qué llegará a ser importante para ti este tema de la conformidad, cuando entres a la adolescencia? ¿Crees que existe alguna razón por la cual la presión de tus compañeros podría resultar peligrosa para ti? ¿Cómo podría ello crearte problemas en el futuro? ¿De qué manera te perjudica la conformidad en la actualidad? ¿Cómo te impide hacer lo que está correcto? ¿De qué manera podría trastornar tu vida?

Lo que hace que la conformidad sea tan peligrosa, es el hecho de que puedo obligarte a hacer cosas que tú sabes que son incorrectas. Esto es lo que sucede cuando no te atreves ser diferente de tus amigos.

¿Puedes decir que no?

Supongamos que estás en un auto, en compañía de cuatro adolescentes, de unos quince años. Es de noche, y pasean en auto, tratando de divertirse. Entonces, el conductor busca en su bolsillo, y saca un frasco que contiene varias pildoritas rojas. El chico toma una en la mano y se la echa rápidamente a la boca, y entonces le pasa el frasco al muchacho que está sentado junto a la puerta. Este, suelta una carcajada, y toma una pastilla, antes de entregarle la botella a los tres que están en el asiento trasero. Tú eres el último a quien le pasan el frasco; ya tus cuatro amigos han tomado las píldoras.

Cuando te lo entregan, ¿qué vas a decir? Sabes que esas píldoras son barbitúricos, y que hacen mucho daño al cuerpo. Tú no quieres tomarlas, pero tampoco quieres que se rían de ti. Vacilas por un momento, y al verte indeciso, el chico que está junto a ti te dice: "Anda, tómala. ¿Qué pasa? Vamos, niñita, ¿no me digas que tienes miedo! Muchachos, si ¡lo que tenemos aquí es el bebito de mamá! Tiene miedo de que su papito se entere. ¿Quién se iba a imaginar que Juanito era un gallina! Vamos, carita de bebé. Prueba una. ¡Te va a gustar!"

Las manos te tiemblan un poco, y notas que te están sudando. Entonces, los otros chicos empiezan a molestarte también, porque quieren que tú hagas lo mismo que ellos. La presión es tremenda. El corazón te está latiendo fuertemente. No sabes qué decir. Te sientes como un tonto. Piensas que quizás deberías probarla aunque sea sólo una vez, para ver a qué sabe. Quizás una sola no te haga mucho daño. Así que accedes. Te echas la píldora rápidamente a la boca. ¡Qué alivio volver a ser uno del grupo otra vez!

Te darás cuenta que la próxima vez que te ofrezcan drogas, será un poco más fácil aceptarlas, porque ya lo has hecho anteriormente. Entonces empiezas a crear hábito, y pronto estarás seriamente enviciado con los narcóticos; y todo, por causa de la presión de la conformidad. Esta es la razón primordial por la cual los adolescentes están usando drogas diariamente, a través de toda la nación. Miles de jóvenes están dañando sus cuerpos permanentemente y arruinando sus vidas de esta manera. El cuerpo humano es muy frágil. Fácilmente puede recibir un daño tan grave, que, el mismo, obligará a la persona a pasar el resto de su vida en un gran sufrimiento. O si el individuo ingiere una "sobredosis" de drogas, en realidad puede acabar con su vida, mientras trataba de divertirse un poco.

El otro día, conversaba con una chica de trece años que toma de diez a veinte barbitúricos diarios. Su organismo está tan dañado y maltratado, por estos narcóticos, que ella nunca volverá a ser saludable otra vez. ¡Qué *lástima* que un cuerpo joven se destruya de esa manera! ¡Qué pena que ella no tuviera la valentía suficiente para responderle de esta manera a la persona que por primera vez le ofreció drogas: "¡No voy a destruir mi cuerpo! ¡Es el único que tengó"

Otros tipos de conductas noscivas también tienen su origen en la presión de la conformidad. ¿Por qué si no, crees tú que el alcoholismo entre los adolescentes constituye tan grave problema en este país? ¿O que los jóvenes fumen, aun sabiendo que se ha comprobado que el cigarrillo acorta la vida, contamina los pulmones, aumenta el riesgo de contraer cáncer y daña los vasos sanguíneos? ¿Qué otra razón podría existir para que los adolescentes tomen el primer cigarrillo e inhalen el sucio humo en sus limpios pulmones? Por lo general todo empieza cuando un "amigo" le ofrece un cigarrillo de mariguana a alguien que nunca ha fumado. Le dice: "¿Quieres una bocanada?" Y, por desgracia, el no fumador carece de las agallas suficientes para responder con un: "¡No gracias!"

El valor que se necesita para ser líder

Es conveniente que reflexiones sobre estos temas, *antes* de que tengas que hacerle frente a una situación de esta naturaleza con tus amigos. Acepta el hecho de que ellos también están sujetos a la misma presión que tu experimentas. Se sienten impulsados a usar drogas, o a fumar o a tomar, por la misma razón que tú— simplemente porque tienen miedo de ser diferentes. Tienen miedo de que la próxima vez que su amigo, tan admirado por ellos, (el dueño del auto) decida dar un paseo en auto con algunos chicos, no los invite a ellos porque no son una compañía muy divertida. Así que el chico se comporta como un necio, y hace cosas que no tienen sentido.

Qué diferente es cuando demuestras que tienes confianza en ti mismo en el momento en que la presión llega al punto crítico, y puedes contestar: "Muchachos, si ustedes quieren hacer algo disparatado, adelante, háganlo, ¡pero creo que es una tontería!" Esta actitud tuya no es nada infantil. Es una forma de demostrarles, que tienes el valor suficiente de enfrentarte al grupo, cuando éste está equivocado.

Y te diré algo más: La mayoría de los adolescentes respetan a un joven o a una chica que tiene el valor de ser él mismo, aun cuando se burlen de él y lo molesten. Un individuo que posee esta clase de confianza en sí mismo, a menudo, se convierte en líder. Ha demostrado que no se siente tan inferior como los demás seguidores. No está hecho de masilla por dentro. Por el contrario, tiene las agallas suficientes para defender lo que él sabe a conciencia es lo correcto.

Y además: este individuo, con toda probabilidad, va a influir en los otros que están buscando un amigo que les aumente la confianza en ellos mismos. (¿Recuerdas el experimento con las tarjetas?) Esta persona decidida puede lograr que alguien más le haga frente a la presión del grupo también.

El sufrimiento de los que poseen algún impedimento

La presión de la conformidad no sólo resulta perjudicial para los jóvenes que usan drogas, o fuman o toman. Afecta mucho, especialmente, a aquellos adolescentes que no *pueden* ser igual a sus amigos. He aquí un ejemplo: en la escuela superior donde serví como orientador, había una alumna no-vidente que no podía aceptar el hecho de que era diferente a los demás estudiantes. La actitud que asumió hacia su condición era negar que existía dicho impedimento. Rechazaba la ayuda de una maestra entrenada que se contrató para que le enseñara. La chica no realizaba las tareas que le asignaba la maestra, ni le dirigía la palabra para nada. Inclusive trataba de caminar sin su bastón blanco o sin la ayuda de un perro-guía. Caminaba por la acera de la escuela muy derecha, con los hombros echados hacia atrás como si supiese adónde iba. Un día, observé que se dirigía en la dirección equivocada, pero antes de que pudiese detenerla, la chica tropezó de frente con un poste. A pesar de lo sucedido, no quiso orientarse palpando a su alrededor. Como ves, esta pobre chica sencillamente no podía aceptar el hecho de que era diferente a los alumnos "normales". Como consecuencia, experimentaba fuertes sentimientos de inferioridad.

He visto cómo niños sordos se niegan a usar aparatos auditivos que los ayudarían a oir mejor y a aprender más en la escuela. Un niño de segundo grado se negó a usar lo que él calificó de "esa cosa en mi oído" porque con él puesto, se sentía ridículo. Todas las mañanas, se quitaba el aparato, tan pronto salía de su casa, aun cuando era muy poco lo que podía oir en el salón de clase.

Conozco el caso de un niñito de cuatro años a quien se le extraviaron los espejuelos en la casa. Su familia los buscó por toda la casa, pero no pudo encontarlos. Al parecer, al niño tampoco sabía dónde estaban. Finalmente, confesó lo siguiente: —Mamita, tengo que decirte algo.

—¿Qué quieres decirme? —preguntó la mamá.

—Yo sé dónde están mis espejuelos, —contestó el nene.

Salieron fuera de la casa, al patio trasero, ¡y fue y los sacó de un hueco que había en la tierra! Este niño de cuatro años había enterrado sus lentes porque los espejuelos lo hacían sentirse diferente a los demás niños! Semejante inquietud es la que experimentan aquellos que no pueden acomodarse a una norma de grupo. Necesitan que nos mostremos comprensivos y considerados con ellos.

Un chico llamado "Jeep Fenders"

No siempre me he identificado con los sentimientos

de aquellos niños que no pueden ser igual a sus compañeros. De hecho, cuando era niño, tuve que aprender a ser comprensivo con los demás. Cuando tenía nueve años, asistía a la clase de la Escuela Dominical semanalmente. Un domingo por la mañana, visitó nuestra clase un chico nuevo llamado Fred. No me detuve a pensar que Fred podría sentirse incómodo por ser un extraño en el grupo, porque yo sabía que todos teníamos muchos amigos allí. Fred se sentó, en silencio, con los ojos clavados en el suelo. Durante la clase, noté que las orejas de Fred eran muy raras. Tenían la forma de un semicírculo, algo así: C Ɔ. Recuerdo que se me parecieron mucho a los guardafangos de los "jeeps". ¿Has visto alguna vez los guardafangos de un "jeep" que van de arriba a abajo sobre las ruedas? De alguna manera, logré encontrarle un parecido con las orejas de Fred.

Entonces hice algo muy cruel. Le dije a todo el mundo que Fred tenía las orejas como los guardafangos de un "jeep", y a mis amigos le pareció algo muy gracioso. Todos se rieron mucho, y empezaron a llamarlo "jeep fenders" (guardafangos de "jeep"). Al parecer, a Fred le gustaba la broma. Se quedó sentado, con una sonrisita dibujada en la cara (porque no sabía qué hacer) pero se sentía herido profundamente. De repente, Fred dejó de sonreir. Brincó de su asiento y corrió hacia la puerta, llorando. Entonces abandonó el edificio corriendo, y nunca más volvió a nuestra iglesia. No lo culpo por ello. Lo que hicimos fue algo muy cruel, y estoy seguro de que Dios estaba muy disgustado, conmigo, especialmente.

Sin embargo, el punto importante que quiero recalcar es que yo ignoraba, por completo cuáles eran los sentimientos de Fred ese día. Lo creas o no, en realidad no fue mi intención ofenderlo. Nunca pensé que mi broma pudiese hacerlo sentir incómodo, y me tomó por sorpresa cuando salió corriendo del salón de clase.

Recuerdo que pensé en lo que acababa de hacer, después de haberse marchado Fred, y me arrepentí por haber sido tan desconsiderado.

¿Por qué fui tan cruel con Fred? Porque jamás nadie me había dicho que, al igual que me sucedía a mí, las demás personas también podían sentirse heridas cuando se burlan de ellas. Yo creía ser el único a quien no le gustaba que se rieran de él. Las maestras que tuvieron las numerosas clases de Escuela Dominical debieron de haberme enseñado a respetar y defender los sentimientos de los demás. Debieron haberme enseñado a parecerme más a Cristo.

Es por eso que te escribo *a ti* hoy estas palabras. Quiero que sepas que hay otros que sienten exactamente lo mismo que tú. Se les forma ese nudo en la garganta cuando se burlan de ellos, y también lloran cuando se encuentran a solas. *No debes contribuir* a hacerlos sentir peor de lo que ya se sienten, especialmente si alguno tiene un impedimento físico o posee un rasgo poco común en el cuerpo que le dé una apariencia rara o que llame la atención. Si la persona tiene la nariz demasiado grande, ella ya lo sabe, así que no menciones el hecho. Si un chico es demasiado alto o bajito de estatura o muy grueso o delgado, no te burles de él; no le pongas apodos; no atraigas la atención de los demás hacia el rasgo que le crea malestar y no aumentes los motivos para que se sienta más incómodo. Ya él tiene bastantes problemas.

Los guantes de todos los días

Recuerdo el caso de un niño de segundo grado llamado Jeff. Su maestra vino a verme hace algunos años, para que la ayudara a resolver un enigma. Esta, había notado que Jeff, todos los días, cuando iba a la escuela, siempre llevaba puestos unos grandes y gruesos guantes de cuero. En muy raras ocasiones se los quitaba; aun en los días más cálidos del año, los tenía puestos. Era evidente que no los usaba solamente para calentarse las manos; había otro motivo. Claro que la maestra le indicaba que se los quitara al entrar al salón, puesto que no podía sostener el lápiz con los dedos, debido al grueso forro. Pero cuando se disponía a salir para el recreo, o a la hora de almuerzo, volvía a ponérselos.

La maestra de Jeff sencillamente no podía comprender el motivo de su conducta. ¿Por qué estaba el chico tan encariñado con aquellos guantes? No eran nuevos ni caros; en realidad, estaban muy rayados y sucios. Pero al plantearme este problema, la maestra de Jeff por casualidad mencionó el hecho de que él era el único niño de color en la clase; todos los demás alumnos eran blancos. Entonces, de repente, la conducta de Jeff comenzó a tener sentido. Le molestaba el hecho de ser diferente a sus compañeros; lo mismo nos hubiese sucedido a ti y a mí.

Como ves, cuando Jeff usaba una camisa de mangas largas, pantalones, zapatos y medias, *la única parte de su cuerpo que podía ver eran sus manos.* Usaba los guantes ¡para esconder sus manos negras! El color de su piel ciertamente no lo hacía inferior a los demás, pero hacía que se sintiese raro, por ser el único niño que no era blanco en su salón de clase. Se sentía avergonzado debido a esta diferencia, y trataba de ocultarla.

Es necesario que comprendamos a aquellos amigos nuestros que, al igual que Jeff, se sienten ineptos e inferiores. La verdad es que, si de veras amamos a los demás igual que a nosotros mismos, dedicaremos el mismo tiempo y atención que empleamos en nosotros mismos para ayudarlos a evitar el dolor y el ridículo. Pensaremos en ellos con la misma frecuencia que pensamos en nosotros mismos. Le brindaremos nuestra amistad a aquel que es un poco diferente, o que acaba de llegar a la escuela, o que es un estudiante extranjero y habla con un acento raro, o que se encuentra en alguna situación incómoda. La Biblia dice que cuando ayudamos a las personas que están en necesidad, ¡es igual que si lo estuviésemos haciendo por Jesús mismo! *Este, más que cualquier otro concepto, ¡es el verdadero significado del cristianismo!*

La opinión de Dios sobre la conformidad

Este punto nos refiere nuevamente a los principios bíblicos que deben servirnos como base para nuestra conducta en cada aspecto de nuestra vida. Las Escrituras hablan muy claramente sobre los peligros de la conformidad. Dios, en su infinita sabiduría, sabía que la presión social podía impedirnos que actuáramos correctamente, y por eso, la condena fuertemente.

En Romanos 12:2 nos advierte lo siguiente: "No os conforméis a este siglo, [en otras palabras, no permitas que el mundo te amolde a su manera], sino transformaos [conviértanse en algo nuevo] por medio de la renovación de vuestro entendimiento, para que comprobéis cuál sea la buena voluntad de Dios, agradable y perfecta". Eso dice la Versión Reina-Valera de la Biblia. Ahora voy a citar el mismo versículo tomado de la Versión Popular de la Biblia, *Dios habla hoy*: "No vivan ya según los criterios del tiempo presente, al contrario, cambien su manera de pensar para que así cambie su manera de vivir y lleguen a conocer la voluntad de Dios, es decir, lo que es bueno, lo que le es grato, lo que es perfecto".

Otra cita que se encuentra en 1 Juan 3:13 lo declara aún más enfáticamente: "Hermanos, míos, no os extrañéis si el mundo os aborrece".

Es evidente, según estos versículos, (y muchos otros más), que Dios no quiere que sigamos las inclinaciones pasajeras del mundo que nos rodea. Dios espera que nos propongamos lo siguiente: "Voy a controlar mi conducta, mi mente, mi cuerpo y mi vida. Seré igual a mis amigos en aquellos aspectos que no me perjudiquen, como por ejemplo, usar la ropa de moda, siguiendo mi propio criterio. Pero en lo que se refiere a obedecer a Dios y a llevar una conducta moral y a aprender en la escuela y a mantener mi cuerpo limpio y saludable, entonces no voy a permitir que nadie me diga lo que tengo que hacer. Si van a reirse de mí, entonces que lo hagan. No será divertido por mucho tiempo. No voy a permitir que *nada* ni *nadie* me impida llevar una vida cristiana. En otras palabras: "¡No voy a conformarme!"

La valentía del cristiano

Espero que esta exposición te sirva para que puedas hacerle frente a las presiones a que estás expuesto como adolescente. Y también espero que tú te abstengas de ejercer presión sobre otras personas (especialmente sobre las que tienen impedimentos físicos) para que así, puedan ser felices y sentirse seguras también. Eso va a requerir mucho valor cristiano y una gran confianza de tu parte.

Escuché una historia verídica acerca de un joven que era un cristiano muy valiente. Al graduarse de la escuela superior, ingresó en una universidad estatal, localizada cerca de su hogar. Durante las primeras semanas de clase, un profesor impío le preguntó a sus alumnos en la clase si alguno se consideraba cristiano. Era evidente que el profesor procuraba ridiculizar a cualquiera que levantara la mano. Este joven, miró a su alrededor, y vio que ninguno de los doscientos estudiantes había levantado la mano. ¿Qué debía hacer? Una de dos, o tenía que confesar su fe públicamente, o negarla, como lo hizo Pedro, cuando faltaba muy poco para la crucifixión de Jesús. De repente, levantó la mano y contestó: —Yo soy cristiano.

El profesor le hizo señas para que pasara al frente de la clase, y le dijo: —¿Cómo puedes ser tan estúpido en creer que Dios se convirtió en hombre y vino a vivir aquí a la tierra? Eso es absurdo. Además, leí la Biblia y no me dijo absolutamente nada.

Este joven miró de frente al profesor, y sin titubear, le contestó: —Profesor, la Biblia es la carta que Dios le ha escrito a los cristianos. Si usted no la entendió, ¡es porque ha leído la correspondencia ajena!

¿Verdad que ésta fue una respuesta valiente? (Esa clase de contestación siempre se me ocurre después, cuando ya es tarde para decirla.) Si se te ocurren o no estas respuestas ingeniosas para los incrédulos, es algo inmaterial. Lo que verdaderamente *sí* tiene importancia, es que defiendas tu fe en Dios y estés dispuesto a darte a conocer como siervo suyo.

Cuando concluyas tus estudios de escuela superior e ingreses a la universidad, te encontrarás con personas que procurarán hacer que te sientas como un tonto por el hecho de que trates de vivir una vida cristiana. Cuando eso suceda, espero que recuerdes nuestra exposición sobre el tema de la conformidad, la presión de grupo, y el mandamiento divino: "No os conforméis a este siglo".

tres

¿Qué le está ocurriendo a mi cuerpo?

Concentrémonos ahora en otra nueva experiencia que vas a tener durante la adolescencia. Estoy seguro de que has observado que los adultos no sólo son más grandes en tamaño que los niños, sino que sus cuerpos son también muy diferentes. Su forma es distinta, y funcionan de otra manera. Para beneficio de los chicos que están entre los diez y los trece años de edad, voy a explicar cómo es que pronto habrá de operarse en sus cuerpos este emocionante cambio, que hará posible que dejen de ser niños para convertirse en adultos. Con toda seguridad, los lectores adolescentes ya han experimentado algunos de los cambios físicos de los cuales voy a hablar.

El gran jefe de allá arriba

El proceso de crecimiento es maravilloso e interesante. El mismo está regulado por un pequeño órgano situado cerca del centro de tu cerebro, y se llama la *glándula pituitaria*. Aunque es del tamaño de una habichuelita, se le llama la glándula principal, porque ésta le ordena a las demás glándulas lo que tienen que hacer. Es el "gran jefe de allá arriba", y cuando ella da un grito, tu sistema glandular brinca sobresaltado. En alguna parte dentro de tu glándula pituitaria, hay un plan de desarrollo para tu cuerpo. Cuando llegue el momento oportuno, la pituitaria va a enviar a sus agentes químicos llamados hormonas a comunicarle al resto de las glándulas de tu cuerpo el siguiente mensaje: "Vamos, muévanse, ya es hora de empezar a crecer". De hecho, esas hormonas van a desempeñar un papel muy importante en tu cuerpo durante los próximos años de tu vida.

Por varias razones es necesario que comprendas este aspecto del desarrollo físico. En primer lugar, si desconoces lo que está a punto de ocurrirle a tu cuerpo, puede que te alarmes bastante cuando todo empiece a trastornarse a la vez. Es frecuente el hecho de que un adolescente comience a preocuparse sobre lo que le ocurre. Se pregunta: "¿Qué me está pasando? ¿Estaré enfermo? ¿Tendré cáncer? ¿Qué pasa en mi cuerpo, habrá algo que está funcionando mal? ¿A quién puedo contarle lo que me pasa?"

Estos son temores infundados, producto de la ignorancia o de conceptos equivocados sobre el cuerpo. Cuando los jóvenes comprenden el proceso de desarrollo, saben que estos cambios son algo completamente normal que debieron prever. Así que voy a decirte con exactitud lo que debes esperar que ocurra en el período de la temprana adolescencia. No se justifica de ninguna manera el que te preocupes por estos rápidos cambios de índole físico.

Preparándonos para convertirnos en padres

¿Qué puedes esperar que ocurra durante la temprana adolescencia, y cómo sucederá todo eso? La transformación más importante que notarás en tu cuerpo es que éste comenzará a prepararse para la paternidad (o maternidad). Ahora bien, no he dicho que estás a punto de convertirte en padre (para eso faltan muchos años todavía, así lo espero), sino que tu cuerpo está próximo a *ser dotado* con la capacidad de engendrar o concebir una criatura. Ese constituye uno de los cambios principales que ocurre durante este período. El término correcto para esta época de despertamiento sexual es *pubertad*. (¿Recuerdas aquel ejemplo del primer capítulo, en el cual pasabas en tu "auto" por un pueblecito que llevaba ese nombre?)

El cuerpo nuevo de un chico

En primer lugar, hablaremos sobre lo que les ocurre a los varones, y luego, a las hembras. Durante la pubertad, un chico comienza a crecer con gran rapidez, más que nunca antes en su vida. Sus músculos llegarán a parecerse mucho más a los de un hombre adulto, y el chico se volverá más fuerte de constitución y sus músculos obtendrán una mejor coordinación. A esto se debe el que un muchacho de escuela intermedia, por lo general, es mucho mejor atleta que un niño de quinto y sexto grado, y a su vez, un joven de escuela superior es mejor atleta que uno de escuela intermedia. Durante este período, se produce un aumento sorprendente en el tamaño de su cuerpo en general, y también adquiere mayor fuerza física y coordinación.

En segundo lugar, el vello del cuerpo de un chico comenzará a asemejarse más al de un hombre adulto. Empieza a salirle barba en la cara, y tendrá que rasurarse de vez en cuando. También, por primera vez, le nacerá vello en las axilas y en la zona denominada la región púbica (o lo que para ti es el área privada), alrededor de los órganos genitales. Los órganos sexuales en sí aumentarán en tamaño y llegarán a parecerse más a los de un hombre adulto. Estos son los indicios de que el chico está dejando de ser un niñito, y se está convirtiendo en un hombre adulto, con la capacidad de convertirse en padre y cuidar de su familia. Esta maravillosa transformación me recuerda en algunos aspectos al gusano que teje un capullo alrededor de sí, y después de pasado algún tiempo, emerge del mismo, transformado en una criatura totalmente diferente—una mariposa. Por supuesto, que los cambios que se operan en un ser humano durante la pubertad no son tan completos como los del gusano, pero el chico nunca volverá a ser el mismo después de pasar por este proceso de *maduración* (término médico para desarrollo).

Los cambios drásticos

Estos cambios rápidos se encuentran tan sólo a la vuelta de la esquina para muchos de ustedes. Lo que hace que los mismos sean tan alarmantes para algunos chicos, es el hecho de que ocurren súbitamente, casi de la noche a la mañana. La glándula pituitaria rápidamente empieza a activar todo el mecanismo. Emite sus órdenes con brusquedad a diestra y a siniestra, y parece como si dentro de tu cuerpo todo empieza a dar carreras, tratando de cumplir los mandatos.

Todo sufrirá una alteración—hasta tu voz va a cambiar. Estoy seguro de que te has fijado que la voz de tu papá es mucho más grave que la tuya. ¿Alguna vez te has preguntado cómo se le puso así? ¿Fue siempre grave y ronca? ¿Siempre sonó fuerte y potente? ¿Te imaginas a tu papá de bebé, acostado en una cuna diciendo: "ba, ba" con una voz grave? ¡Claro que no! El no nació así. La voz le cambió durante la pubertad, y eso mismo le pasará a la tuya también. Sin embargo, la voz de un adolescente a veces es motivo de vergüenza para él, pues como aún le falta adquirir un tono más grave, la misma no suena muy firme. Es chillona y aguda, débil y cascada, y lo será, durante algunos meses. Pero repito: no hay que preocuparse por eso, porque la voz pronto adquirirá un tono grave y firme. Se requiere un poco de tiempo para que se complete el desarrollo de las cuerdas vocales.

Cómo resolver los problemas de la piel

Según lo he indicado, casi todo tu cuerpo se ve afectado de una u otra forma por la pubertad. La piel también sufrirá algunos cambios importantes, tanto la de los chicos como la de las chicas. En realidad, de todos los cambios físicos que ocurren en la temprana adolescencia, éste es tal vez el aspecto que produce mayor angustia entre los jóvenes. En un estudio realizado con dos mil adolescentes, a quienes se les formuló la pregunta: "¿Qué es lo que más te desagrada de ti mismo?", se demostró que los problemas en la piel fue la contestación que superó a todas las demás respuestas por un amplio margen.

Las erupciones en la piel son ocasionadas, principalmente, por una sustancia aceitosa que segregan las glándulas durante la adolescencia. Los poros de la piel tienden a llenarse de este aceite y se obstruyen. Como la grasa no puede salir, se endurece y forma granos o espinillas. Lo más probable es que tengas estas imperfecciones en la piel durante varios años, aunque algunos casos son más benignos que otros.

Cuando salen con frecuencia muchos granos y espinillas, la condición se llama acné. Si esto te ocurre a ti, es muy importante que mantengas tu piel limpia, libre de grasa y suciedad. También es importante que te sometas a un régimen alimenticio bajo en grasas, ya que se cree que algunos alimentos que poseen un alto contenido de grasa agravan esta condición. Si el problema en la piel es serio, pídele a tus padres que te lleven a un *dermatólogo*, quien es un médico especialista en los problemas de la piel. El te aconsejará cuál es el mejor tratamiento que debes seguir.

El cansancio propio de la adolescencia

Otro problema de índole físico, al que se enfrentan tanto los chicos como las chicas por igual durante la pubertad, es el cansancio o la falta de energías. Tu cuerpo estará empleando muchas de sus reservas en el proceso de crecimiento, y durante algún tiempo, te parecerá que no tiene las suficientes energías para realizar otras actividades. Por lo general, esta etapa no dura mucho tiempo. Sin embargo, este cansancio es una condición que debes prever. En realidad, debe servirte para que modifiques tu conducta de dos maneras.

En primer lugar, procura descansar lo suficiente, con las horas de sueño necesarias durante el período del desarrollo físico acelerado. Sin embargo, a menudo, esto no se realiza porque los adolescentes creen que no tienen que irse a la cama tan temprano como solían hacerlo cuando eran pequeños. Por lo tanto, se quedan levantados hasta altas horas de la madrugada, y entonces, al día siguiente, se encuentran en un estado de absoluto agotamiento. Aunque resulte increíble, lo cierto es que un chico de doce o trece años, en realidad, necesita más descanso que uno de nueve o diez, debido al ritmo acelerado de desarrollo.

Si tus padres también están leyendo este libro, les sugiero que te dejen dormir un poco más los sábados por la mañana, si es posible. Con frecuencia, se hace difícil que los padres les permitan a sus crecidos hijos dormir hasta las 9:30 de la mañana, cuando hay que cortar el césped. Sin embargo, deben saber que el chico está durmiendo porque su cuerpo necesita más horas de sueño, y sería sabio de su parte si lo dejan descansar. *Entonces*, cuando se levante, el joven puede cortar el césped ¡y tendrá una enorme sonrisa de gratitud en su rostro!

En segundo lugar, es de vital importancia el tipo de alimento que ingieras durante la adolescencia. Tu cuerpo necesita la materia prima para elaborar esas nuevas células, músculos, huesos y fibras que están en los planes de desarrollo. Los perros calientes y las donas, y las malteadas de leche por sí solos no harán el trabajo. Se requiere una dieta *balanceada* durante este período; es más importante ahora que cuando tenías seis u ocho años. Si no recibes una alimentación adecuada durante este período de desarrollo, pagarás el precio de dicha negligencia con enfermedades y varios trastornos físicos. Es absolutamente indispensable que tu cuerpo *tenga* las vitaminas, proteínas y minerales necesarios para crecer y desarrollarse a toda su capacidad.

La belleza de convertirse en mujer

Ahora vamos a hablar de los muchos cambios que las chicas van a experimentar durante la pubertad. El cuerpo de una niña sufre una serie de cambios que son más complejos aún que los que experimentan los varones, porque el mismo tiene que prepararse para la difícil función de la maternidad. La manera en que funciona el cuerpo de una mujer para producir un ser humano, es uno de los procesos más hermosos en todo el universo de Dios. Examinemos ese proceso por un momento.

Toda vida humana comienza con una célula muy pequeñita, tan diminuta que sólo puede verse con la ayuda de un microscopio. Esta primera célula de vida se llama cigoto, y la misma comienza a dividirse y a crecer dentro del útero de la madre.

El útero es un sitio especial que se encuentra dentro del abdomen de la madre o lo que para ti es el estómago. En realidad no es exactamente en el estómago, en sí, sino debajo de él. El útero es una bolsita especial que constituye el ambiente perfecto para que el embrión crezca y se desarrolle. (El término *embrión* es el nombre que se le da a un bebé que se encuentra en las primeras etapas de su desarrollo.)

Todas las necesidades del bebé como por ejemplo, calor, oxígeno y alimento las suple constantemente el cuerpo de la madre durante los nueve meses, antes del nacimiento de la criatura. Cualquier pequeño descuido o error que se cometa durante esta temprana etapa (especialmente durante los primeros tres meses), puede ocasionarle la muerte al niño que está desarrollándose. El embrión es sumamente frágil, y el organismo de la madre tiene que estar en buenas condiciones físicas para que pueda llenar las necesidades del niño que está en proceso de desarrollo.

Para que pueda llenar estas necesidades, el cuerpo de una chica experimenta muchos cambios durante la pubertad. Uno de esos importantes cambios es la menstruación. Probablemente ya has oído hablar de ella. Este es un tema que las chicas deben comprender bien en los días venideros. En la mayoría de las escuelas se les brinda alguna orientación a las chicas sobre este tema en el quinto o sexto grado, de manera que lo que voy a decir ahora tal vez sólo sea un repaso de lo que has visto y escuchado en otra parte. Sin embargo, creo que es importante que los chicos también comprendan este proceso, aunque a ellos raras veces se les instruye debidamente sobre el mismo.

La vida que está en desarrollo

Cuando una mujer queda embarazada—esto es, cuando el cigoto compuesto de una célula es colocado en el útero de la mujer, después de que ésta ha tenido relaciones sexuales con un hombre, su cuerpo comienza a proteger a este embrión y a ayudarlo a crecer. El mismo necesita oxígeno y alimento, y muchas sustancias químicas que son indispensables para la vida. Las sustancias se trasladan al útero automáticamente, a través de la corriente sanguínea de la madre. Pero como el útero no sabe cuándo será que le han de depositar una nueva vida allí, debe prepararse todos los meses para recibir a un embrión, en caso de que llegue. Por lo tanto, la sangre se acumula en las paredes del útero, con el fin de alimentar a un embrión, si la mujer queda embarazada. Pero si ella *no* queda encinta ese mes, entonces la sangre uterina no se necesita. Es expulsada de las paredes del útero y arrojada hacia afuera a través de la vagina, esa abertura especial por donde también nacen los bebés.

Cada 28 días (esta cifra varía un poco dependiendo de la persona), el cuerpo de una mujer se deshace de esta sangre innecesaria que hubiese servido para alimentar a un bebé, de haber quedado ella embarazada. Generalmente, se toma de tres a cinco días para que cese el flujo, y durante este tiempo, ella usa una especie de almohadilla de tela para absorber la sangre. Este proceso se llama *menstruación*.

Hay algunos conceptos muy importantes que quiero aclararte por medio de esta exposición. En primer lugar, la menstruación no debe ser motivo de alarma y miedo para las chicas. Dado que el tema de la sangre nos produce escalofríos, algunas chicas se ponen muy tensas cuando piensan que este proceso pueda ocurrirles a ellas. Empiezan a preocuparse y temen su llegada, y algunas no quieren que les ocurra a ellas. Pero en realidad, la menstruación hace posible el más maravilloso y emocionante acontecimiento que jamás pueda ocurrir ——la creación de un nuevo ser humano. Es un milagro el hecho de que una sola célula, el cigoto, se divida silenciosamente en dos, luego en cuatro, ocho y dieciséis células, y continúe dividiéndose ¡hasta formar millones y millones de células nuevas! Un corazoncito surge lentamente dentro del grupo de células, y comienza a latir al ritmo de la vida. Entonces se forman los dedos de las manos y de los pies, los ojos y las orejas, y todos los órganos internos. Un líquido especial (llamado fluido amniótico) rodea al bebé para protegerlo de cualquier golpe o impacto que reciba la madre. Y allí se queda durante nueve meses, hasta que pueda sobrevivir en el mundo exterior. Entonces, justamente en el momento preciso, el cuerpo de la madre comienza a empujar al bebé por el canal del parto (la vagina) y al final del mismo, le aguardan las manos del médico.

La belleza del plan divino

El aspecto más hermoso de este fantástico y complicado proceso es que todo se lleva a cabo en forma *automática* dentro del cuerpo de una mujer. Tal parece como si el Sumo Creador, Dios mismo, estuviese parado muy cerca de ella indicándole cuál es el próximo paso. En realidad, esto es exactamente lo que ocurre. ¿Lo sabías tú? El rey David nos dice en el libro de Los Salmos que Dios está presente durante la formación de un nuevo ser. He aquí la descripción que hace de este acontecimiento:

> Tú fuiste quien formó todo mi cuerpo; tú me formaste en el vientre de mi madre. Te alabo porque estoy maravillado, porque es maravilloso lo que has hecho. ¡De ello estoy bien convencido! No te fue oculto el desarrollo de mi cuerpo mientras yo era formado en lo secreto, mientras era formado en lo más profundo de la tierra.
>
> —*Dios habla hoy*—
> (Salmo 139:13-15)

Dios no solamente supervisó el desarrollo de David en el seno de su madre (otra palabra para útero), sino que ¡también hizo lo mismo contigo y conmigo! Además, ha planeado cada día de nuestras vidas y lo ha registrado en su libro. ¡Eso es lo más alentador que jamás haya escuchado!

Así que, ya ves que la menstruación no es algo tan terrible, y no hay razón para que las chicas le teman tanto. Es un indicio de que el cuerpo está preparándose para colaborar con Dios en la creación de un nuevo ser, si ésa es su voluntad para una mujer en particular. La menstruación es el medio que tiene el cuerpo para comunicarle a una chica que está creciendo . . . que ha dejado de ser una niña . . . y que algo muy emocionante le está ocurriendo por dentro.

Entérate de los hechos y quédate tranquila

Ahora bien, chicas, por favor, no se preocupen por este aspecto de su salud. No van a desangrarse hasta morir, se lo prometo. La menstruación es un hecho tan normal como lo es comer o dormir o realizar cualquier otra función fisiológica. Si crees que hay algo anormal en ti, si estás preocupada por algún aspecto de la menstruación, si crees que eres diferente o que tal vez algo anda mal, o si experimentas algún malestar junto con la menstruación, entonces, ármate de valor y habla con tu madre o consulta a tu doctor o a una persona a quien le tengas confianza. En aproximadamente 98 de 100 casos, los temores resultan infundados. Te darás cuenta de que eres completamente normal, y que tu único problema consistía en ignorar cómo funciona tu cuerpo.

Otros cambios que deben preverse

Ahora es evidente que tu cuerpo comenzará a sufrir otras modificaciones más o menos al mismo tiempo que ocurre la menstruación. Con toda probabilidad, tendrás un brote de crecimiento repentino justamente antes de tu primera menstruación. (Y dicho sea de paso, en la actualidad, la edad promedio en que las niñas experimentan su primera menstruación es los doce años y medio, aunque puede darse el caso de que se anticipe a los nueve o diez años o se retrase hasta los dieciséis o diecisiete años. La edad varía según cada chica.)

Durante esta etapa, tu cuerpo se volverá más redondeado y curvilíneo como el de tu mamá. Los senos aumentarán su tamaño, y tal vez te duelan de vez en cuando. (A veces, los chicos también experimentan esta misma incomodidad.) Este síntoma no significa que tienes cáncer o alguna otra enfermedad, sino sencillamente que tus senos están cambiando, igual que el resto de tu cuerpo. También te saldrá vello debajo de los brazos, en las piernas y en la región púbica, igual que a los chicos. Estos cambios físicos son los más evidentes y cuando adviertas los mismos puedes despedirte definitivamente de la niñez—¡vas a toda marcha rumbo a la madurez!

El puente de la madurez tardía

Hay otro tema importante que debo tratar con los chicos y chicas. Cuando vas camino a convertirte en adulto, no sólo pasas sobre el abismo de la inferioridad, sino que también cruzas el puente tambaleante de la *madurez tardía*. Me refiero a los sentimientos de ansiedad que invaden a una persona cuando ésta no crece con la rapidez que ella esperaba, o al mismo ritmo que lo hacen sus amigos. Los cambios que ocurren durante la pubertad y que acabo de describir, pueden anticiparse a los nueve o diez años, o retrasarse hasta los diecisiete o dieciocho años. Esta variación se debe a que *cada muchacho y cada chica tiene su propio horario específico en que se inicia su crecimiento*. Nuevamente, la edad del desarrollo la determina la glándula pituitaria en el cerebro, que tiene todo bajo su control. Sin embargo, estas variaciones a nivel de individuo son la causa de una gran preocupación innecesaria entre aquellos que, o se han adelantado a sus amigos en su crecimiento, o se han retrasado. La edad en que se inicia la pubertad, en realidad, no tiene mucha importancia, pero puede llegar a ser motivo de gran preocupación e inquietud.

Por ejemplo, supongamos que eres una chica de trece años y tu cuerpo aún no ha comenzado a experimentar dichos cambios. Todavía te pareces a Caperucita Roja; ninguna de las características de mujer adulta ha comenzado a aparecer. Cuando das una mirada a tu alrededor y ves a tus compañeras de clase, notas que algunas ya parecen mujeres adultas. Usan sostenes, pero en cambio, es evidente que tú no lo necesitas todavía.

Entonces empiezas a preocuparte sobre lo que está ocurriendo dentro de ti. "¿Qué pasará conmigo? ¿Seré anormal? ¿Por qué no me han sucedido a mí esas cosas todavía?" Entonces cumples catorce años, y todavía no hay señales de cambio alguno. Tu cuerpo está como estancado, y parece como si bostezara con pereza; y tú en realidad llegas a preocuparte seriamente. De noche te desvelas y te preguntas si siempre parecerás una niña, aun cuando tengas cincuenta años. Tus amigas hablan sobre la menstruación, pero tú no puedes tomar parte en la conversación porque no sabes nada al respecto. Te sientes un poco rara y distinta a las demás, y te preocupas tanto que casi te enfermas de ansiedad.

Ni asomo de barba siquiera

O supongamos que eres un muchacho de quince años, que tiene el mismo problema. No eres tan fuerte como lo son tus amigos, y como no has experimentado el brote de crecimiento repentino, todavía eres uno de los chicos más pequeños de estatura en tu grupo. En realidad, eres más bajito que la mayoría de las chicas, ya que éstas comienzan el desarrollo de la pubertad antes que los varones. Los demás muchachos ya han empezado a rasurarse, pero a ti ni siquiera se te nota una leve sombra de barba en la cara. Cuando hablas por teléfono, tu tono de voz es tan agudo, que la operadora te confunde con una niña. Te dice: "Sí, señorita". ¡Quizás éste sea el peor insulto de tu vida!

Pero sobre todo, lo que más te duele es que los otros chicos han notado que todavía eres un niñito y han empezado a burlarse de ti. Cuando estás cambiándote de ropa en el camerino, te ponen apodos y se ríen de ti porque no tienes vellos púbicos o porque todavía eres bajito y flacucho.

¿Qué vas a hacer si te encuentras en esta situación en los próximos años? ¿Te vas a volver loco? ¿Vas a rechinar los dientes, a comerte las uñas y a morderte la lengua? Espero que no tengas que hacer ninguna de esas cosas.

No te ocurre nada malo

Permíteme una sugerencia si eres uno de los que crecen un poquito más tarde que sus amigos. Recuerda, ante todo, que *no te ocurre nada malo*. El hecho de que crezcas más temprano no significa que eres más saludable que el que se desarrolla más tarde, o vice-versa; y no hay motivo para que tengas miedo de que nunca vas a madurar. Tómalo con calma durante un año o dos, y entonces prepárate ¡que todos los fuegos artificiales comenzarán a dispararse para ti, al igual que para todo el mundo! Te aseguro que esto sucederá así. Si no me crees, observa a todos los adultos que te rodean. ¿Hay alguno que tenga apariencia de niño? ¡Claro que no! *Todo el mundo* crece tarde o temprano.

Admito que no es muy divertido el que los amigos se rían de uno, pero si sabes que serás diferente sólo por un corto tiempo, entonces quizás se te haga más llevadero. Sobre todo, ¡no seas el responsable de que otra persona se sienta mal, si por el contrario eres tú el que crece antes que ella!

El instinto sexual

A medida que tu cuerpo comienza a cambiar, notarás que empiezas a interesarte más en los miembros del sexo opuesto. De repente las chicas empiezan a parecerte estupendas si eres varón, y comienzas a sentirte atraída por los chicos, si eres hembra. ¿Cómo sé yo que esto va a suceder? ¿Cómo es que puedo predecirlo con tanta certeza? Porque el sexo pronto se convertirá en un "apetito" dentro de ti. Si no tomaste desayuno esta mañana, puedo asegurarte, sin temor a equivocarme, que estarás bastante hambriento a las dos de la tarde. Tu cuerpo te pedirá alimento. Está hecho de esa manera. Hay sustancias químicas en tu organismo que hacen que sientas hambre cuando no has ingerido alimento.

De la misma manera, tu cuerpo producirá algunas

nuevas sustancias químicas que comenzarán a desarrollar un nuevo apetito en ti entre los doce y quince años. Este no será un deseo vehemente de comida; más bien tiene que ver con lo que llamamos sexo, o los aspectos masculinos y femeninos de tu naturaleza. Cada año, a medida que vayas creciendo, este apetito se irá convirtiendo cada vez más en una parte de ti mismo. Querrás estar más tiempo en compañía de un miembro del sexo opuesto. A la larga, este deseo te llevará al matrimonio. El matrimonio es una maravillosa unión para aquellos que encuentran a la persona indicada. Sin embargo, quiero advertirte algo sobre este tema.

Uno de los errores más graves que puedes cometer en la vida es *casarte demasiado joven*. Eso puede ser una tragedia. Quiero recalcar este punto y espero que te lo grabes bien en la mente. Lo digo porque si dos personas se casan sin estar preparadas para ello, la unión será un desastre. Desgraciadamente, esto sucede con demasiada frecuencia. Trataré este tema más ampliamente más adelante en el libro, pero desde ahora, te aconsejo que no te cases hasta que tengas por lo menos veinte años. *La mitad de todos los matrimonios entre adolescentes* terminan en el divorcio al cabo de cinco años, trayendo consigo muchas lágrimas y un sinnúmero de problemas. No quiero que el tuyo sea uno de esos hogares deshechos.

Chicas bonitas y muchachos encantadores

Ahora voy a describir el sentimiento que el sexo va a producir en ti durante los próximos años. Los muchachos se van a mostrar muy interesados en el cuerpo de la chicas, se fijarán en su forma, en sus curvas, en la suavidad de la piel, en el lindo cabello y en los ojos. Inclusive puede que los delicados pies femeninos atraigan a los muchachos durante esta etapa. Si eres un chico, con toda probabilidad, pensarás a menudo en esas fantásticas criaturas llamadas chicas, ¡a quienes solías odiar tanto! En realidad, el deseo sexual es más fuerte en el sexo masculino entre las edades de los dieciséis y dieciocho años, que en cualquier otra etapa en la vida.

Por otro lado, las chicas, no van a mostrarse tan emocionadas sobre la forma y apariencia externa del cuerpo de los muchachos (aunque les parecerá interesante). Se sentirán cautivadas más bien con el chico en sí, su manera de hablar, su forma de caminar y su modo de pensar. Si eres chica, probablemente "vas a perder la chaveta" por un muchacho, y luego por otro, y así sucesivamente. (Esto de "perder la chaveta" ocurre cuando empiezas a pensar que una persona en particular es absolutamente extraordinaria y te haces la idea de que podrías llegar a casarte con esa persona.) Con frecuencia uno se encapricha con una maestra, con el pastor o con un hombre adulto. Por lo general, el objeto de admiración cambia constantemente y la ilusión dura sólo unas pocas semanas o meses, hasta que otro toma el lugar del primero.

Conversemos abiertamente sobre el sexo

Ha llegado el momento de hablar claramente sobre el tema de las relaciones sexuales. Recuerda lo que te advertí al principio de este libro. Voy a tratarte como un adulto y no voy a omitir *ningún* tema que sea de beneficio para ti. Por lo tanto, es necesario que comprendas la importancia que tienen las relaciones sexuales que llevan a cabo un hombre y una mujer.

El término relaciones sexuales es el nombre dado al acto que se realiza cuando un hombre y una mujer se quitan toda la ropa (por lo general se hace en la cama) y el órgano sexual del hombre (el *pene*) se pone muy duro y tieso. El hombre introduce el pene en la vagina de la mujer mientras está acostado entre las piernas de ella. Ambos se van acomodando y hacen movimientos de adentro hacia afuera, hasta que obtienen una especie de sensación de hormigueo que dura uno o dos minutos. Es una experiencia que produce intensa satisfacción y las parejas de casados lo hacen con regularidad. Probablemente ya has oído hablar sobre el acto sexual, según lo he descrito. Pero, ¿sabías que un hombre y una mujer tienen relaciones sexuales no solamente para tener hijos? Lo hacen para expresar el amor que siente el uno hacia el otro, y porque disfrutan mucho al hacerlo. De esta manera se satisfacen mutuamente. Puede que tengan relaciones dos o tres veces por semana, o quizás sólo una vez al mes. Esto depende de cada pareja. Pero éste es un aspecto divertido del matrimonio, y el mismo hace que ambos sean algo muy especial el uno para el otro. Este es un acto que el cónyuge reserva únicamente para su pareja.

El sexo: un regalo de Dios

Este deseo sexual es algo que Dios puso en ti. Quiero recalcar este punto enfáticamente. El sexo no es sucio ni malo. No puede serlo, puesto que fue creado por Dios. El impulso sexual fue idea de Dios—no nuestra. El nos formó y puso esto como parte de nuestra naturaleza; El creó esas sustancias químicas (las hormonas), que son las responsables de que sintamos atracción por el sexo opuesto. Lo hizo así para que quisiéramos formar nuestro propio hogar y tener una familia. Sin este deseo, no habría matrimonio, ni hijos, ni amor entre un hombre y una mujer. De manera que el sexo no es nada sucio; es un proceso bello y maravilloso, no importa lo que te hayan enseñado al respecto.

Sin embargo, también debo decirte que Dios quiere que controlemos este deseo de tener relaciones sexuales. Ha declarado muchas veces en la Biblia que debemos conservar nuestro cuerpo para la persona con quien hemos de casarnos algún día, y que está mal satisfacer nuestro apetito sexual con una chica o con un chico antes del matrimonio. El mensaje bíblico no puede interpretarse de otra manera. Quizás algunos de tus amigos te digan lo contrario en el futuro. Tal vez escuches a Juanito, o a Susie o a Pablo o a Rosita contar cómo él o ella exploró el cuerpo del otro. Te dirán lo emocionante que fue, y tratarán de convencerte para que hagas lo mismo.

Decídete ahora

Déjame decirlo de una manera más directa. Es muy probable que a *ti* se te presente la oportunidad en alguna ocasión, de tener relaciones sexuales antes de que cumplas los veinte años. Tarde o temprano la oportunidad se presentará. Estarás en compañía de una persona del sexo opuesto que te indicará que él o ella está dispuesto a que juntos tengan esa experiencia. Tienes para decidirte desde ahora hasta entonces. Piensa qué vas a hacer cuando esa ocasión se presente. Lo más probable es que no tengas tiempo para pensar cuando llegue el momento. Te aconsejo que decidas *ahora mismo* conservar tu cuerpo para la persona que algún día será tu compañera. Si no controlas este deseo, más tarde te arrepentirás de no haberlo hecho.

Las enfermedades venéreas

El mandato de Dios de que nos abstengamos de tener relaciones sexuales antes del matrimonio no fue dado con el fin de privarnos del placer. Su intención no era quitarle lo divertido a la vida. Por el contrario, en realidad fue su *amor* lo que hizo que Dios prohibiera las relaciones sexuales premaritales, porque son muchas las graves consecuencias que tenemos que afrontar cuando nos negamos a obedecerle.

Probablemente has oído hablar sobre las enfermedades venéreas que se trasmiten cuando dos personas tienen relaciones sexuales, y una de ellas ha contraído dicha enfermedad de otro portador. La sífilis, la gonorrea, y otras enfermedades similares, incluyendo el herpes y el SIDA se han propagado mucho en la actualidad. En nuestro país estas enfermedades han alcanzado proporciones epidémicas, y el daño que pueden causar al cuerpo humano es muy grave, si no se tratan debidamente. Pero hay otras consecuencias que deben afrontar aquellas personas que tienen relaciones sexuales premaritales. Corren el riesgo de traer al mundo un bebé no deseado. Cuando eso ocurre, tienen ante sí la responsabilidad de criar a un ser humano, una criaturita que necesita amor, disciplina y la estabilidad de un hogar, pero no pueden cuidar del bebé ni suplir sus necesidades. Esto es algo triste en verdad.

El pecado de la impureza

Pero son igualmente graves los cambios que se operan en la *mente* de la persona cuando ésta tiene relaciones sexuales fuera del vínculo del matrimonio. Lo primero que sucede, y lo más importante, es que su relación con Dios se rompe. Las relaciones sexuales premaritales son pecado y una persona que continúa pecando a sabiendas, sencillamente no puede ser amiga de Dios. 1 Juan 1:6 dice lo siguiente: "Si decimos que tenemos comunión con él y andamos en tinieblas, mentimos y no practicamos la verdad" (Versión Reina-Valera). Más sencillo no podría ser. Además, a Dios nada se le puede ocultar, pues como bien sabes, El todo lo ve.

El pecado siempre tiene consecuencias desastrosas para una persona joven. Pero creo que el pecado de las relaciones sexuales premaritales en particular, causa mucho daño a la persona que incurre en él. El individuo pierde la inocencia de la juventud, y a veces se vuelve cruel e insensible. También es probable que se vea afectada su vida matrimonial futura, porque esa experiencia única, que debió compartirse con una sola persona, ya no es tan especial. Más de una persona ha tenido una muestra de ella.

Como ves, hay muchas razones evidentes que

apoyan el mandato divino de que debemos controlar nuestros deseos sexuales. Lo que quiero decir es que Dios nos prohíbe que tengamos relaciones sexuales antes del matrimonio, con el fin de librarnos de muchas de estas consecuencias que este pecado acarrea. En realidad, la *peor* consecuencia aún no la he mencionado, y tiene que ver con el juicio de Dios en la vida venidera. La Biblia nos señala claramente que nuestras vidas serán colocadas al desnudo ante su vista, y Él sabrá todos los secretos. En realidad, nuestro destino eterno depende de nuestra fe en Dios y de nuestra obediencia a Él.

La masturbación

Ahora quiero hablarte de un asunto que se llama la masturbación. Tal vez has oído a tus amigos hablar de esto. Si todavía no has oído nada, de seguro que pronto lo oirás. La masturbación es la excitación de los propios órganos sexuales con la mano para obtener la misma sensación de hormigueo que sentirías si estuvieras participando en el acto sexual. La mayor parte de los muchachos practican la masturbación durante alguna época de la adolescencia, y lo mismo lo hacen muchas jovencitas.

Hay muchos rumores en cuanto a este hecho, historias que producen miedo sobre lo que les sucede a las personas que se masturban. Hay gente que dice que la masturbación te hará volver loco. Otras personas dicen que te impedirá tener hijos en el futuro. Aun otras afirman que te debilitará y te enfermará. Tal vez escuches toda clase de advertencias drásticas en cuanto a las consecuencias de la masturbación. Te puedo decir ahora mismo que ninguna de esas historias es verdad. Son todas falsedades. Si la masturbación hiciera enloquecer a las personas, habría mucha más gente loca en el mundo de la que hay.

El tema de la masturbación es muy polémico. Los creyentes tienen opiniones diferentes en cuanto a cómo ve Dios este hecho. Desafortunadamente, no puedo ser portavoz de Dios en cuanto a este tema, ya que su Santa Palabra, la Biblia, guarda silencio sobre él. Voy a compartir contigo lo que yo *creo*, aunque no quiero contradecir a tus padres o a tu pastor. Es mi *opinión* que Dios no le asigna mucha importancia a la masturbación. Es una parte normal de la adolescencia que no involucra a nadie más. No causa enfermedades, no produce bebés, y Jesús no la menciona en la Biblia. No te estoy diciendo que te masturbes, y espero que no sientas la necesidad de hacerlo, pero si lo haces, opino que no debes luchar con sentimientos de culpa.

¿Por qué te digo esto? Porque trato a muchos jóvenes creyentes que se sienten destrozados por sentimientos de culpa por masturbarse; quisieran dejar de hacerlo pero no pueden. Me gustaría ayudarte a evitar este tipo de agonía en tu vida. Lo mejor que puedo hacer por ti es sugerirte que hables con Dios en cuanto a este asunto y decidas qué es lo que El quiere que hagas. Lo dejo entre tú y El.

Las poluciones nocturnas

Otro hecho que es motivo de preocupación para los varones durante la adolescencia es los llamados "sueños eróticos". Los médicos usan el termino *poluciones nocturnas*. El mismo se refiere al fluido que sale del pene de un muchacho ocasionalmente, de noche. El fluido se llama semen, y contiene millones de células, tan minúsculas, que ni siquiera pueden verse. Una de estas células podría convertirse en un bebé si se introdujese en una hembra y llegase a unirse al óvulo de ella. (Ambos forman el cigoto, cuyo desarrollo discutimos anteriormente.) Este semen, a veces, es expulsado en el sueño, durante la noche; entonces a la mañana siguiente, el muchacho encuentra la mancha en sus pijamas, y empieza a preocuparse por lo que le está ocurriendo. Sin embargo, éste es un hecho completamente normal. Les sucede a casi todos los varones y no hay razón para preocuparse. Una polución nocturna es sólo el modo que tiene su cuerpo de deshacerse del fluido adicional que se ha acumulado.

Las preguntas que reflejan temor

¿Te has dado cuenta de cuántas veces he repetido en este capítulo: "No tienes por qué preocuparte; eso es algo completamente normal"? La razón de este consejo tranquilizador se debe a que la mayoría de los jóvenes se asustan de su propio desarrollo sexual. Según lo he señalado en mi libro, titulado: *Atrévete a disciplinar*, a menudo, los adolescentes tienen las siguientes dudas, durante la primera etapa de la pubertad:

1. ¿Se supone que ocurran todos estos cambios?
2. ¿Me pasa algo malo?
3. ¿Tendré alguna enfermedad o anormalidad?
4. ¿Acaso soy diferente a las demás personas?
5. ¿Significa este dolor en los senos que tengo cáncer? (Recuerda que mencioné el hecho de que los senos a veces duelen un poco durante la adolescencia.)
6. ¿Podré tener relaciones sexuales normalmente, o me pasa algo malo?
7. ¿Se reirán los chicos de mí? ¿Me rechazarán las muchachas? (Es un hecho muy común el que los chicos de ambos sexos piensen que no van a atraer al sexo opuesto, y que nadie las querrá porque ellas no son tan bonitas o ellos tan guapos como quisieran ser.)
8. ¿Me irá a castigar Dios por los pensamientos sexuales que tengo? (Te dije que lo más probable es que ibas a pensar en el sexo opuesto a menudo durante estos años. Cuando esto ocurra, tal vez te sientas culpable de los pensamientos que te vengan a la mente.)
9. ¿Y si me convierto en un homosexual? ¡Qué horrible sería! (Un homosexual es una persona a quien no le atrae el sexo opuesto, sino que se siente atraído hacia los miembros de su *propio* sexo. Es un chico que

se interesa en los chicos o una chica que se interesa en las chicas. La homosexualidad es un deseo anormal que refleja graves problemas, pero no ocurre con mucha frecuencia, y no es probable que te suceda a ti.)

10. ¿Podría yo quedar embarazada sin haber tenido relaciones sexuales? (Este es uno de los grandes temores de algunas chicas jóvenes, el que puedan quedar encintas aun cuando no hayan tenido relaciones sexuales. Quiero decirte que esto *nunca* ocurre; es imposible. Solamente una vez en toda la historia de la humanidad sucedió este fenómeno, y fue cuando la virgen María, la madre de Jesús, quedó embarazada sin nunca haber tenido relaciones sexuales. Jesús fue concebido o colocado en el útero de ella por Dios mismo. Esa es la única vez en la historia que un ser humano haya nacido sin que el padre interviniese proveyendo la mitad de la célula que se convierte en el cigoto.)

11. ¿Fracasan algunas personas en madurar sexualmente? (Cualquier sistema del cuerpo puede resultar defectuoso, pero éste *casi nunca* falla.)

12. ¿Tendré que dejar a un lado el recato? (Es frecuente durante los primeros años de la adolescencia que te vuelvas muy modesta en cuanto a tu cuerpo. Sabes que estás cambiando, y no quieres que nadie lo vea. Por esta razón, tal vez te preocupe el hecho de tener que quitarte la ropa en el consultorio de un médico en presencia de otras personas.)

No hay nada que temer

Quiero repetirlo una vez más: Estas clases de temores son muy generalizados durante los primeros años de la adolescencia. Casi toda persona que está en proceso de crecimiento en nuestra sociedad siente preocupación e inquietud sobre el tema del sexo. Quiero ayudarte a evitar esos temores. Tu desarrollo sexual es un hecho normal y se está controlando dentro de tu cuerpo. Todo saldrá bien, así que tranquilízate, y espera que suceda.

Sin embargo, tendrás que controlar tus impulsos sexuales en los años venideros, y eso requerirá una gran fuerza de voluntad y firmeza de tu parte. Pero si aprendes a canalizar tus deseos sexuales de la manera en que Dios lo ha dispuesto, esta parte de tu naturaleza puede convertirse en uno de los aspectos más maravillosos e interesantes de tu vida, y quizás contribuya a que seas feliz y tengas éxito en tu matrimonio en el futuro.

cuatro

Creo que me he enamorado

Hoy en día, escuchamos con mucha frecuencia que alguien dice estar "enamorado" de otra persona. Pero, ¿alguna vez te has puesto a pensar en lo que esta palabra significa en realidad? ¿Cuáles son los cambios que se operan en las mentes de los hombres y mujeres que se han enamorado? ¿Cómo saben que es amor verdadero? ¿Podrían confundirse, creyendo estar "enamorados" cuando en realidad no es así? ¿Qué se necesita para que el amor sea un sentimiento duradero?

¿Puedes contestar estas preguntas sobre el significado del amor? La mayoría de los jóvenes no pueden hacerlo. En realidad, los adolescentes están muy confundidos sobre este tema importante. Creo que el elevado promedio de divorcios se debe, en parte, a que los recién casados no pueden distinguir si es verdadero amor o no, y no pueden definir sus sentimientos.

El tema del amor romántico tal vez no te interese mucho a ti, en este momento. Quizás piensas que es un poco tonto. Sin embargo, a menos que seas una persona fuera de lo común, lo más probable es que te sientas muy atraído hacia los miembros del sexo opuesto en los próximos años. Con el tiempo, la idea de casarte irá cobrando forma. Por lo general, las chicas comienzan a pensar en el matrimonio unos cuantos años antes que los muchachos, pero tarde o temprano, a los jóvenes comienza a gustarles la idea de contraer matrimonio. Es entonces cuando empiezan a manifestarse algunos hechos sumamente interesantes.

El éxtasis del amor

La mayoría de los jóvenes, cuando llegan a los veinte (o antes) empiezan a buscar a su pareja ideal; la persona con la que quieren pasar el resto de su vida. Cuando encuentran a alguien que, al parecer, llena los requisitos, se enamoran perdidamente, y caen en un completo deslumbramiento. No hay ningún sentimiento en el mundo que se iguale a ése. Apenas pueden quitarse los ojos de encima, y quieren estar juntos todo el día. Pasan horas juntos, merendando en el parque, y caminando bajo la lluvia y sentados, embelesados, junto a un fuego que crepita. Hasta sueñan el uno con el otro de noche. Créeme cuando te digo que "enamorarse" es una experiencia emocionante. Sé que es así ¡porque me ha pasado cientos de veces!

Este tremendo entusiasmo que produce el amor romántico es tan subyugante que lógicamente hace que la pareja contemple la posibilidad de contraer matrimonio. Los ilusionados jóvenes razonan de esta manera: "Este sentimiento es verdaderamente maravilloso. ¿Por qué no pasar toda nuestra vida juntos?" Así que, empiezan los preparativos para la boda. Fijan la fecha; notifican al pastor, y encargan los arreglos florales. Finalmente, llega la gran noche; la novia está nerviosa y el novio un poco azorado. La madre de la novia llora todo el tiempo que dura la ceremonia, y el padre luce pálido y tenso. La mocosa niñita que lleva las flores no quiere desfilar por el pasillo, y la hermana del novio canta desafinada una canción sentimental sobre el amor eterno. Pero, a pesar de todo, la pareja contesta: "Sí" y el pastor los declara "esposo y esposa". Entonces desfilan por el pasillo, ambos luciendo una amplia sonrisa, a la vez que se dirigen al salón para la recepción.

Hay mucha algarabía, risas y besos para la novia, mientras los invitados van saludando y felicitando a los nuevos esposos. Los presentes dejan a un lado sus problemas y se tragan el bizcocho, y hablan del día en que ellos se casaron. Finalmente, los novios abandonan la iglesia corriendo, bajo una lluvia de arroz y confeti, y abordan un auto, el cual ha de llevarlos hacia una nueva vida. A medida que se alejan, escuchan a la hermana del novio que canturrea: "Esto es sólo el principio. . . ."

Hasta ahora, todo marcha perfectamente. Todo el mundo, al parecer está feliz y contento, y muy emocionado. Pero a esta sonriente pareja le aguarda graves problemas. Casi desde el primer día, de la luna de miel, algo cambia en la relación. Aquella enorme emoción y gran entusiasmo empiezan a desvanecerse un poco. El matrimonio en sí, toma un nuevo giro. Lo que antes era un objetivo que ellos esperaban alcanzar, si tenían suerte, ahora se convierte en una trampa en la que se encuentran atrapados para toda la vida. Se preguntan en silencio si esto es lo que en realidad querían, o si han actuado precipitadamente. Les pasa por la mente la terrible idea de que tal vez han cometido el error más grande de su vida.

Dimes y diretes

En el tercer día de la luna de miel, ocurre la primera riña verdadera. El motivo de la discusión fue el lugar donde debían cenar y cuánto dinero debían gastar. Ella quería cenar en un restaurante de lujo, de ambiente romántico, y él pensaba que era mejor comerse un par de hamburguesas en el establecimiento de Ronald McDonald.* Era una discusión sin importancia, pero intercambiaron algunas palabras fuertes que dañaron aún más el sentimiento romántico inicial. Durante los meses subsiguientes, habrían de aprender a herirse mutuamente en forma más efectiva.

Sólo hacía como una semana que habían regresado a casa de la luna de miel cuando se produjo la primera batalla campal. Comenzaron a lanzarse insultos tan mortales como proyectiles nucleares. Entonces se desencadenaron fuertes sentimientos de rabia e indignación, seguidos por prolongados períodos de un silencio glacial. El marido salió de la casa, y estuvo fuera durante dos horas, y la esposa llamó a su mamá. A partir de ese momento, hasta el amargo desenlace, tenemos a dos personas sumamente amargadas e infelices, que de noche lloran hasta quedarse dormidas. Y lo que es peor aún, puede que, para entonces, ya haya llegado otro nuevo miembro a la familia— una personita mellada, a quien hay que cambiarle los pañales cada 45 minutos. Esta criaturita va a crecer en un hogar deshecho, y nunca podrá comprender bien "por qué papito ya no vive en casa".

La tragedia del divorcio

Ahora bien, es evidente que esta trágica situación

---

*Nombre de una cadena de restaurantes donde se venden hamburguesas.

matrimonial no se aplica en *todos* los casos, pero sí se da con demasiada frecuencia. La cifra promedio de divorcios en los Estados Unidos es mayor que la de cualquier otra nación civilizada del mundo. En realidad, se ha comprobado que el *50 por ciento* de todos los matrimonios de adolescentes terminan en el divorcio ¡al cabo de cinco años! ¡Qué cuadro más trágico! Esto significa que la mitad de las personas que creían estar "enamoradas", aquellos que estaban tan entusiasmados con su pareja—pronto se desilusionan, sintiéndose amargados, infelices y desechos. Y cabe la pregunta: ¿Por qué sucede esto? ¿Cómo es posible que todas estas personas se hayan equivocado? ¿A qué se debe el que la llama del amor vacilara y se apagara? ¿Cómo es posible que el cariño que se tenían llegara a convertirse en tanto odio, rabia y antagonismo, en sólo unos meses? Estas preguntas son de vital importancia para *ti*, si quieres evitar que ocurra en tu vida un desastre similar. Para que podamos contestarlas, es necesario que analicemos más a fondo el concepto del amor romántico

Las opiniones sobre el amor

Comenzaremos nuestro estudio evaluando tu concepto sobre el amor conyugal. He diseñado un breve cuestionario para conocer tu opinión y tus conocimientos sobre este importante tema. Te sugiero que tomes una hoja de papel y enumeres del 1 al 10. Entonces, contesta las siguientes preguntas con un cierto o falso.

_____ 1. Creo que el "amor a primera vista" ocurre entre algunas personas.

_____ 2. Creo que se puede distinguir fácilmente entre el amor verdadero y la ilusión.

_____ 3. Creo que las personas que se aman de verdad no riñen ni discuten.

_____ 4. Creo que Dios selecciona a una persona en particular como compañera nuestra y que El nos guiará juntos.

_____ 5. Creo que si un hombre y una mujer se aman verdaderamente las dificultades y los problemas no van a afectar mucho o para nada la relación entre ellos.

_____ 6. Creo que es mejor hacer una mala elección y casarse que permanecer soltero y llevar una vida solitaria.

_____ 7. Creo que no es perjudicial ni tampoco es pecado tener relaciones sexuales antes del matrimonio, si la pareja tiene una relación significativa.

_____ 8. Creo que si una pareja está verdaderamente enamorada, ese sentimiento es permanente y durará toda la vida.

_____ 9. Creo que los noviazgos cortos, de seís meses o menos, son los mejores.

_____10. Creo que los adolescentes son más capaces de experimentar el amor verdadero que los adultos.

Las respuestas a las preguntas

El cuestionario que acabas de contestar no pretende ser una prueba de carácter muy científico. Lo cierto es que tal vez algunas personas difieran en sus opiniones respecto a cuál es la respuesta correcta para cada pregunta. Sin embargo, quiero compartir contigo mis respuestas a las diez preguntas, y exponer las razones que las respaldan.

¿Amor al instante?

Pregunta Número 1: "Creo que el amor a prime-

ra vista ocurre entre algunas personas".

Hay gente que cree que el amor romántico en ocasiones golpea a dos extraños como un relámpago, en el preciso momento en que se ven por primera vez. Se encuentran tranquilamente caminando por la calle o sentados en la iglesia, cuando de repente ¡pum! Se le saltan los ojos de las órbitas, le zumban los oídos, los dedos de los pies se le arrollan, y ocurre que se han "enamorado".

Detesto parecer tan poco romántico, pero esa clase de amor al instante es *imposible*. No puedes amar a alguien que no conoces, a un perfecto extraño. No niego el hecho de que pueden ocurrir unos sentimientos muy fuertes la primera vez que ves a un miembro en particular del sexo opuesto. El es guapo (o ella bonita) y te gustan sus ojos o el tono de su voz y la seguridad que demuestra en sí mismo. Todo sobre esa persona te gusta, y sientes una fuerte atracción hacia este nuevo ser ideal. Por lo tanto, tal vez creas que te has enamorado de él (o ella) desde el primer momento en que se encontraron. Pero lo que en realidad ha pasado, es que te has enamorado de su *imagen*— ni siquiera conoces a la verdadera persona. No sabes cuál es su manera de pensar, sus costumbres, sus anhelos, sus temores, sus proyectos, sus destrezas, sus habilidades o sus modales. Así que, no puedes afirmar que amas a esa persona en su *totalidad*, porque sólo conoces su apariencia externa.

La confusión en la música

Muchas canciones de moda, entre los adolescentes, demuestran que los autores de las mismas no sabían distinguir entre el amor verdadero y los sentimientos pasajeros que acabo de describir. Por ejemplo, una canción popular, decía así: "Antes de que terminara la pieza (musical) supe que estaba enamorado de ti". ¡Qué absurdo! ¡Eso no es amor! Mientras bailaba con una chica, este joven simplemente tuvo algunos pensamientos tiernos y pensó que de alguna manera se había iniciado un romance ¡al iniciar la segunda línea! Pero cuidado: *Cualquier sentimiento que surja, mientras se baila una pieza musical, puede desaparecer de la misma manera durante la próxima pieza.*

Otro compositor escribió estas palabras: "Yo no sabía con exactitud qué debía hacer, así que le susurré: 'te amo' ". ¿Qué raro, verdad? La idea de contraer un compromiso para toda la vida en un momento de confusión ¡me parece un poco tonto! Sin embargo, a menudo, eso es lo que sucede. Surge un momento difícil entre un chico y una chica, y como él no está seguro de sí mismo, le dice: "Te amo". Su amiga se estremece y piensa: ¡"Fantástico! ¡Este tipo está enamorado de mí"! Así que ella le corresponde y se dirigen rápidamente por el camino que lleva al desastre.

La Familia Partridge grabó una canción que dice así: "Me desperté enamorado esta mañana, y por la noche me acosté pensando en ti". Ahí está el error otra vez. El cantante se había enamorado en algún momento durante la noche. ¡Qué conmovedor, verdad? *¿Te das cuenta de que esta clase de amor es sólo un estado de ánimo?* Vino de noche, y de la misma manera, puede irse por la noche.

En la música de moda, hoy en día, entre los adolescentes, abundan los ejemplos que demuestran la confusión que existe sobre el significado del amor. Sin embargo, la canción que a mi juicio, tiene la letra más absurda del mundo, se puso muy de moda durante los años sesenta. La interpretaba un grupo de música rock, llamado "The Doors" (las puertas). Este conjunto grabó un número titulado "Hola, te amo, ¿quieres decirme tu nombre?" ¿Cómo es posible que una persona ame a otra, sin saber absolutamente nada acerca de ella? ¡Esto es una tontería!

¿Cómo podría equivocarme si me siento tan feliz?

Quiero repetir que el *sentimiento* de emoción romántica puede ocurrir al instante entre un hombre y una mujer, como le sucedió a los compositores de las canciones que acabo de mencionar. Además, esos sentimientos pueden, en ocasiones, poco a poco llegar a convertirse en amor verdadero, lo cual es la base del éxito de un matrimonio. Sin embargo, en la mayoría de los casos, este entusiasmo momentáneo se enfriará, quedando más muerto que una piedra, al cabo del año. Es por eso que resulta tan peligroso tomar cualquier decisión para toda la vida, basándose en un sentimiento pasajero.

Debbie Boone en una ocasión grabó una canción que obtuvo gran popularidad, titulada "Tú iluminas mi vida". Una línea de la misma decía así: "¿Cómo podría equivocarme si me siento tan feliz?" Desgraciadamente, puedo mostrarle a ella un sinnúmero de personas divorciadas y resentidas que una vez se sintieron maravillosamente felices con la relación que hoy las atormenta. Algunos se dejaron engañar por el "amor a primera vista".

¿Verdadero amor o ilusión pasajera?

Pregunta Número 2: "Creo que se puede distinguir fácilmente entre el amor verdadero y la ilusión pasajera".

Espero que tu contestación sea "falso", porque definitivamente es incorrecta la aseveración. La explosión emocional que ocurre cuando una persona se ilusiona con otra, no le permite a aquella pensar con claridad sobre *nada en absoluto*. Es una de las experiencias más maravillosas que pueda tener el ser humano, y ¡más emocionante que montarse en la montaña rusa o visitar Disneylandia! Algún día sabrás de qué estoy hablando. Sin embargo, cuando te suceda a ti, recuerda que la ilusión o el encaprichamiento tiene dos características importantes.

En primer lugar, "el amor infantil" o la ilusión es muy *egocéntrico*. Voy a ofrecerte un ejemplo, a modo de ilustración. Hace varios años, cuando yo estudiaba en la universidad, mis padres viajaban constantemente durante todo el año. Por esta razón, no tenía adónde irme a pasar las vacaciones. Durante el verano, especialmente, tenía que quedarme en la residencia para varones de la universidad, mientras mis compañeros se iban a su casa a visitar a sus padres. Por lo general, conseguía un empleo cerca del lugar donde me hospedaba, y regresaba del trabajo todas las noches a mi solitaria y aburrida habitación. Había otros dos tipos que también se quedaban en el dormitorio, pero no tenía amistad con ninguno de los dos. Así pues, por lo general, pasaba un verano muy solitario durante mi vida de estudiante.

Como es de esperarse, todos los años, al finalizar el mes de agosto, empezaba a sentirme entusiasmado, y aguardaba con ilusión el regreso de mis compañeros en septiembre. Finalmente, llegaban, y el viejo dormitorio nuevamente retumbaba con el ruido, la risa y la diversión. Esos eran días inolvidables. Pero yo estaba aún más deseoso de que las *chicas* regresaran. No había tenido con quién salir desde mayo, y estaba impaciente de que la "avalancha" de muchachas llegara, para el inicio de clases. Todos los años, para el mes de septiembre, me enamoraba perdidamente de una chica diferente. . . de cualquiera. . . . Siempre ocurría sin falta— sucedió exactamente lo mismo durante cuatro años consecutivos. Al llegar septiembre, de repente, mi mundo se volcaba y se trastornaba por completo: no podía dormir, ni comer ni estudiar (en realidad, ¡esto último era una de las primeras cosas que dejaba de hacer!). Era un suceso en verdad emocionante, y un hecho tan seguro como lo es el Día de Acción de Gracias o de Navidad.

¿Ves lo egocéntrico que era mi "amor" en septiembre? Le decía a mis amigos: "*Yo* no puedo creer lo que me está pasando. Esto es fantástico. *Yo* nunca antes me había sentido así. Es lo más maravilloso que me ha pasado". A todas luces se ve que no me había enamorado de ninguna de las chicas; ¡más bien me había enamorado del *amor*! La chica de la que me había "prendado" era sólo un premio que había que ganar. . . un objeto que poseer. Por lo general, la olvidaba pronto, y la sustituía por otra en enero del año siguiente.

El verdadero amor es muy distinto de la ilusión pasajera. A diferencia de este último, el amor verdadero se centra en otro ser humano. Uno anhela profundamente hacer feliz a esa persona. . . quiere llenar sus necesidades, procura complacerla, y velar por su *bienestar*. El verdadero amor es desinteresado en todos los aspectos, y llega hasta el sacrificio personal, si así lo exige la relación.

La ilusión pasajera

La segunda característica de la ilusión es que *nunca* dura mucho tiempo. ¡Este es el mensaje más importante de este capítulo! Repito: Ese sentimiento emocionante que ocurre entre dos recien "enamorados" *nunca* dura toda la vida. No puede durar, simplemente, porque las emociones humanas están cambiando constantemente. Aun cuando las personas se aman *verdaderamente*, hay momentos de gran intimidad, ocasiones en que no sienten nada hacia el otro, y momentos en que están nerviosos y de mal humor. Las emociones son así, fluctúan con regularidad, con sus altas y bajas. (Volveremos a tocar este tema más adelante.) Por lo tanto, *es imposible* que una pareja mantenga este punto máximo de intensidad afectiva con el cual inició su relación.

¿Por qué es tan importante comprender la naturaleza pasajera del amor romántico prematuro? Porque algunos jóvenes se lanzan rápidamente al matrimonio, sin dejar que sus emociones hayan dado el primer bajón hasta llegar a la indiferencia. Todavía están en el "fervor" inicial del día de la boda. Sin embargo, desgraciadamente, reciben una gran decepción durante los meses (o días) subsiguientes cuando se despiertan una mañana sin experimentar ese sentimiento emocionante bien adentro. Debes comprender que la "fiebre" del amor puede convertirse fácilmente en una erupción durante los meses subsiguientes.

Es sorprendente ver cómo cada una de las tristes parejas jóvenes que, con el tiempo, comparecerán ante un juez en los tribunales de divorcio, creyeron estar muy "enamorados" al principio. No siempre odiaron a su cónyuge. Hubo una época en que la felicidad de ellos parecía estar por encima de cualquier problema o dificultad. Pero sus buenos sentimientos desaparecieron como se derrite la nieve en un día cálido, y se escurre hacia la alcantarilla.

¿Cuál es la diferencia?

Inclusive aquellos que saben que la ilusión es egocéntrica y pasajera, con el tiempo, puede que lleguen a confundirla con el amor verdadero. ¿Cómo, entonces, pueden distinguir entre estas dos clases de "amor"? ¿Cómo pueden discernir sus propios sentimientos? ¿Qué pueden hacer para no cometer un error desastroso?

A mi entender, sólo existe una forma de distinguir entre el amor infantil y el sentimiento verdadero: deja transcurrir el tiempo para poner a prueba tus emociones. Poco a poco, llegarás a comprender tu propia mente y sabrás qué es o lo que mejor le conviene a la otra persona. ¿Cuánto tiempo se tomará este proceso? Eso depende de la persona, pero en términos generales, mientras más joven seas, más tiempo deberás esperar. Como señalé anteriormente, creo, personalmente, que los adolescentes no deben casarse hasta que hayan cumplido por lo menos veinte años, y sólo entonces, si han sostenido un noviazgo de un mínimo de dos años. Al dar este consejo, no pretendo imponerle mi propio criterio o el de los padres a los adolescentes. Tómalo más bien como una sugerencia mía, que te ayudará a evitar algunos de los dolorosos divorcios que dejan profundas huellas en tantos jóvenes en la actualidad.

¿Sin discusiones?

Pregunta Número 3: "Creo que dos personas que se aman verdaderamente no reñirán, ni discutirán".

La respuesta a la tercera pregunta tal vez te sorprenda. (En realidad, la persona promedio se equivoca por lo menos en tres o cuatro de estas diez preguntas sobre el amor.) La aseveración número 3 es falsa. Las personas que se aman de veras aún siguen teniendo diferencias de criterios. Tienen sus desacuerdos; pierden la paciencia; discuten y riñen en ocasiones.

Quiero describir una situación que se da a menudo, y que crea dificultades entre un esposo cariñoso y su esposa. Después de un día terrible en la oficina, el marido llega, cansado, a casa. Estaciona el auto en la entrada del garaje, y se dirige lentamente hacia la casa. Su esposa lo recibe en la puerta igualmente agotada. Ha estado bregando con los niños durante todo el santo día, y tiene los nervios de punta. Le dice a su marido que la lavadora está descompuesta y que el agua ha inundado el piso, y todo ha salido mal. En el escritorio de ellos hay una enorme pila de cuentas que la familia no puede pagar. Tanto la madre como el padre están alterados de malhumor. En semejantes circunstancias, es muy fácil el que personas que, en realidad se aman, comiencen a discutir y a reñir. Además, existen diferencias de opinión justificadas sobre asuntos importantes. La pareja puede diferir en lo que se refiere a cómo emplear el dinero, a cuál iglesia debe asistir y a otros tantos puntos que los separan. Pero, aun en medio de estas diferencias, es posible que ellos se amen profundamente.

Te lo voy a explicar más claramente. He visto muy pocas parejas cuya relación sea tan armoniosa y estable que, entre los cónyuges nunca ocurra esta clase de discrepancia. Con toda seguridad, vas a tener algún tipo de conflicto en tu propio matrimonio aunque estés profundamente enamorado de tu compañero (a). Para ser más exacto, te aseguro que tu primer año de casado será la época más difícil de la primera década de convivencia matrimonial. Es un período de ajuste; juntos tendrán que decidir cómo van a funcionar las cosas, y quién administrará el dinero y adónde irán a pasar las vacaciones. Puede que estos aspectos enciendan tus emociones y creen algunos problemas bastante graves en tu hogar.

Trata de subsanar las diferencias

De ocurrir esto, no pienses que tu matrimonio está

condenado a fracasar, o que necesariamente has cometido una grave equivocación. Lo que significa dicha situación es, que ambos deben poner de su parte, y buscar las soluciones a los problemas. En esto estriba el éxito de un matrimonio o su fracaso. Surgirán momentos de conflicto, pero en una relación saludable, la pareja procura encontrar las soluciones, y trata de ponerse de acuerdo sobre aquellos aspectos en que difieren, porque se aman profundamente.

¿Cuál es, entonces, un matrimonio "fracasado"? Es uno en el que cada persona se ama más a sí misma que a la otra; o cuando las siguientes actitudes bullen en la mente: "Me casé contigo porque creí que me convenías" o "me casé contigo porque necesitaba a alguien que me ayudara a cuidar de mi hogar" o "me casé contigo porque esperaba que ganaras mucho dinero". Como ves, cuando se va al matrimonio por razones egoístas, entonces las discusiones triviales se vuelven más graves. Ya no reflejan las diferencias de criterio; más bien vienen a ser un duelo a muerte. Entonces uno trata de herir al otro, quien se ha convertido en su enemigo implacable.

Los sueños de matrimonio

Pregunta Número 4: "Creo que Dios selecciona a una persona en particular para que sea nuestro compañero (a), y que el nos guiará juntos".

Tengo una fe grande en Dios y creo que debemos orar y pedir su dirección divina, antes de tomar cualquier decisión importante en nuestra vida. Nuestro Padre Celestial muestra su grande amor y su misericordia a aquellos que buscan su ayuda; y El revelará su voluntad y obrará en todas las decisiones importantes. Sin embargo, con todo, la respuesta a la pregunta número 4 es "falso". En realidad, los que creen que Dios junta en forma automática a las personas indica-

das, están a punto de cometer el grave error de juzgar.
Pueden pensar que la primera persona con quien se
ilusionan es el compañero que el Señor les ha enviado,
y actúan precipitadamente, y se lanzan a una vida de
cuarenta años de conflictos.

Nunca podré olvidar al infeliz individuo que me
contó que, una noche, tuvo un sueño tan real, que se
despertó de repente. En el mismo, alguien le decía:
"Cásate con Susan". Ralph no había orado para que
Dios lo dirigiera en este aspecto; en cambio, enseguida, pensó que este mandato provenía directamente
del Señor. Al día siguiente, Ralph llamó a Susan (una
chica con la que había salido un par de veces) y le dijo:
"¡Dios me dijo que me casara contigo!" Susan pensó
que no podía discutir con el Todopoderoso, así que
accedió. Estos jóvenes han sido muy infelices y desgraciados en su matrimonio, y este caso, en particular,
constituye un error, cometido desde el punto de vista
humano. Ninguno de los dos piensa ahora que fue
Dios el que le habló a Ralph en el sueño esa noche,
sino que todo fue producto de su *propia* mente.

Quiero hacer hincapié en el hecho de que es sumamente importante que escojas a la persona con quien
vas a casarte con mucho cuidado. El Señor te ha dado
sentido común, y espera que lo uses al tomar las decisiones en tu vida. Creo que uno puede amar a Jesús y
ser un buen cristiano, y en cambio, actuar precipitadamente, y equivocarse al seleccionar a su pareja.
Dios no está sentado en el cielo con una lista de
nombres en la mano diciendo: "Ahora, vamos a ver:
Juan va con Rosa, y fulano con fulana". En otras palabras, ¡Nuestro Padre Celestial no es un casamentero
de oficio de los que se llaman a sí mismos hijos suyos!

Antes de hacer planes de matrimonio, te sugiero que
le presentes esa petición al Señor en oración. Pídele
que dirija tus pasos en esta decisión de tanta impor-

tancia. Estoy seguro de que El va a contestarte. Pero esta clase de petición es similar a la oración en la que pides a Dios que te sane de una enfermedad. Sólo porque seas cristiano, ello no significa que nunca vas a enfermarte. Dios puede curar ese trastorno físico si se lo pides (y si es su voluntad hacerlo), pero *El no está en la obligación* de ayudarte si tu no se lo pides.

¿Felicidad con problemas?

Pregunta Número 5: "Creo que si un hombre y una mujer se aman de verdad, entonces los problemas y las dificultades afectarán muy poco o no perjudicarán en absoluto la relación entre ellos".

Nuevamente, la respuesta es "falso". El amor es igual que la vida— delicado y frágil. Puede romperse, destruirse y quedar desecho. La muerte de un miembro de la familia, el azote de la enfermedad o la pobreza, pueden perjudicar grandemente una verdadera relación amorosa.

Trabajo en un hospital infantil, donde, a diario, se dan algunos casos sumamente patéticos. Veo cómo niñitos muy pequeños sufren intensamente, por causa de alguna enfermedad; hay niños y niñas con cáncer, otros padecen del corazón, y otros tienen alguna deformidad física. Algunos se están muriendo lentamente; a otros el cerebro no le funciona debidamente; y otros nacieron con raros desórdenes físicos. Dichos problemas, a menudo, crean en los padres de estos niños un sentimiento de culpa, aunque ellos no son los responsables de las enfermedades. A veces, se sienten tan culpables por el hecho de tener un hijo enfermo que este sentimiento puede llegar a destruir el hogar. Esto es sólo un ejemplo de cómo una relación amorosa puede verse afectada por las circunstancias personales y el medio ambiente.

Hay un refrán que dice: "El amor todo lo vence". Esto no siempre es cierto. Debes tener presente que es necesario que te esfuerces por mantener vivo el amor; tienes que cuidarlo y cultivarlo como si fuese una delicada flor. Este punto es tan importante que voy a abundar sobre el mismo, a continuación.

Espera todo el tiempo que sea necesario

Pregunta Número 6: "Creo que es preferible hacer una mala elección que quedarse soltero y llevar una vida solitaria".

Otra vez, la respuesta es "falso". Creo que es mucho mejor seguir buscando a la persona indicada que estar mal casado, aun cuando ser soltero signifique llevar una vida solitaria.

Es una enorme bendición el que un hombre y una mujer estén felizmente casados, disfrutando de la amistad de su compañero y tal vez criando a uno o dos hijos. Sin embargo, el propósito de Dios no es que todo el mundo encaje en este patrón. El Apóstol Pablo inclusive señala que es preferible que algunas personas no se casen, especialmente aquellas que tienen una labor que realizar de gran responsabilidad en la obra del Señor. Por lo tanto, es poco aconsejable buscar el matrimonio como fin, a toda costa.

Las personas que temen que nunca llegarán a casarse, a veces, están dispuestas a aceptar cualquier proposición que se les presente, aunque la misma, provenga de alguien a quien no aman. Eso puede resultar desastroso. Es preferible permanecer soltero, que pasarte toda la vida en un eterno conflicto con una persona con quien nunca debiste casarte en primer lugar.

¿Relaciones sexuales antes del matrimonio

Pregunta Número 7: "Creo que no perjudica, ni

tampoco es pecado tener relaciones sexuales antes del matrimonio, si la pareja tiene una relación significativa''.

Sí espero que a estas alturas, sepas que la aseveración anterior es completamente falsa. No obstante, muchas personas en la sociedad de hoy, han decidido que las antiguas normas ya no valen. ''Todo ha cambiado'', alegan: ''Ahora hay una nueva ética moral. No tiene nada de malo el tener relaciones sexuales— para explorar el cuerpo de una persona del sexo opuesto— siempre y cuando se gusten mutuamente''. Este razonamiento es el más peligroso de todas las ideas equivocadas sobre el amor, porque las consecuencias son terribles.

El punto de vista de Dios sobre las relaciones sexuales fuera del matrimonio está perfectamente claro. Si eres cristiano, y crees que la Biblia es guía en tu diario vivir, no puede haber ninguna duda en tu mente sobre lo que está bien y lo que está mal hecho. Voy a citártelo directamente de la Biblia:

> Que todos respeten el matrimonio y mantengan la pureza de sus relaciones matrimoniales; [Al contraer matrimonio uno promete ser fiel a otra persona durante toda la vida. Dios espera que honremos ese compromiso, no sólo después de contraer matrimonio, sino antes.] porque Dios juzgará a los que cometen inmoralidades sexuales y a los que cometen adulterio. Hebreos 13:4 (*Dios habla hoy*).

Este mismo mensaje aparece reiteradamente a través de toda la Biblia, y es, evidentemente, lo que Dios quiere que hagamos. Estudia el siguiente consejo que nos da el rey Salomón, uno de los hombres más sabios que jamás haya vivido:

> Un día estaba yo mirando entre las rejas de mi ventana a unos jóvenes sin experiencia, y me fijé en el más imprudente de ellos. Al llegar a la esquina cruzó la calle en dirección a la casa de aquella mujer. La tarde iba cayendo, y comenzaba a oscurecer. De pronto la

mujer salió a su encuentro, con toda la apariencia y los gestos de una prostituta, de una mujer ligera y caprichosa que no puede estarse en su casa y que anda por calles, plazas y esquinas esperando atrapar al primero que pase. La mujer abrazó y besó al joven, y descaradamente le dijo: 'Yo había prometido sacrificios de reconciliación, y hoy he cumplido mi promesa. Por eso he salido a tu encuentro; ¡tenía ganas de verte, y te he encontrado! Sobre mi cama he tendido una hermosa colcha de lino egipcio, la he perfumado con aroma de mirra, áloe y canela. Ven, vaciemos hasta el fondo la copa del amor; gocemos del amor hasta que amanezca, pues mi esposo no está en casa: ha salido para un largo viaje; se ha llevado una bolsa de dinero y no volverá hasta el día de la luna llena'. Sus palabras melosas e insistentes acabaron por convencer al muchacho, que sin más se fue tras ella: como un buey rumbo al matadero, como un ciervo que cae en la trampa y al que luego una flecha le parte el corazón; como un ave que se lanza contra la red sin saber que eso le va a costar la vida. Así pues, hijo mío, escúchame; presta atención a mis palabras. No desvíes hacia esa mujer tus pensamientos; no te pierdas por ir tras ella, porque a muchos los ha herido de muerte; ¡sus víctimas son numerosas! Tomar el camino de su casa es tomar el camino de la muerte Proverbios 7:6-27 (*Dios habla hoy*).

Aunque parezca que Salomón le está advirtiendo a los *hombres* solamente que no sean inmorales, eso no es cierto. Las leyes divinas se aplican tanto a los hombres como a las mujeres por igual, y fueron establecidas para nuestro beneficio. El Señor nos prohibe ciertas cosas, no por capricho, ni para echarnos a perder la diversión y hacernos infelices. Más bien nos advierte sobre ciertos tipos de conductas que nos perjudicarán a nosotros mismos, y a las personas que nos rodean. Hoy precisamente, leía yo el siguiente versículo en el Salmo 19:

La enseñanza del Señor es perfecta, porque da nueva vida. El mandato del Señor es fiel, porque hace sabio al hombre sencillo. Los preceptos del Señor son justos, porque traen alegría al corazón. El mandamiento del Señor es puro y llena los ojos de luz. Salmo 19:7,8 (*Dios habla hoy*).

No le hagas caso a esas personas impías que te dicen que las "normas antiguas" están pasadas de moda. Las leyes de Dios *nunca* pasarán de moda, y es de sabios observarlas en todos los aspectos de nuestra vida.

Quiero compartir contigo otra lectura bíblica en la que se enumeran las instrucciones eternas que nos da el Señor:

Hagan, pues, morir todo lo que de terrenal hay en ustedes: que nadie cometa inmoralidades sexuales, ni haga cosas impuras, ni siga sus pasiones y malos deseos, ni sea avaro (que es una forma de idolatría). Estas cosas, por las que viene el terrible castigo de Dios sobre aquellos que no le obedecen, son las que ustedes hacían en su vida pasada. Pero ahora dejen todo eso: el enojo, la pasión, la maldad, los insultos y las palabras indecentes. No se mientan los unos a los otros, puesto que ya se han librado de su vieja naturaleza y de las cosas que antes hacían, y se han revestido de la nueva naturaleza: la del nuevo hombre, que se va renovando a imagen de Dios, su Creador, para llegar a conocerlo plenamente. Ya no tiene importancia el ser griego o judío, el estar circuncidado o no estarlo, el ser extranjero, inculto, esclavo o libre; lo que importa es que Cristo es todo y está en todos. Dios los ama a ustedes y los ha escogido para que pertenezcan a su pueblo. Vivan, pues, revestidos de verdadera compasión, bondad, humildad, mansedumbre y paciencia. Tengan paciencia unos con otros, y perdónense si alguno tiene una queja contra otro. Así como el Señor los perdonó, perdonen también ustedes. *Sobre todo, revístanse de amor, que es el perfecto lazo de unión*. Colosenses 3:5-14 (*Dios habla hoy*).

¿Amor eterno?

Pregunta Número 8: "Creo que si una pareja

está verdaderamente enamorada, este sentimiento es permanente y durará toda la vida". ·

Contesté esta pregunta al contestar la número 5, y la respuesta también es "falso". Señalé en esa ocasión, que el amor hay que cultivarlo o puede morirse. Esta es quizá la pregunta más importante de todas, para los que ya están casados. Inclusive tus padres deben saber a conciencia, que el amor que existe entre ellos puede morirse, si no se esfuerzan por mantenerlo vivo. Deben sacar tiempo para estar juntos, dialogar y orar juntos. No deben permitir que nada perjudique o debilite la relación entre ellos. Es necesario que el amor sea cultivado, alimentado y protegido, igual que a un bebé que está creciendo en el hogar. Espero que recuerdes este punto, cuando te cases (y si llegas) a tener tu propia familia.

¿Noviazgos cortos?

Pregunta Número 9: "Creo que los noviazgos cortos de seis meses o menos es lo mejor".

Este aspecto ya se trató al contestar la segunda pregunta, pero voy a repetir la contestación brevemente. Nadie debe sorprenderse, a estas alturas, de que la respuesta correcta nuevamente sea "falso". Tienes que concederte a ti mismo suficiente tiempo para que llegues a conocer tus propios sentimientos, y dejar que suban y bajen por sí solos, antes de que puedas interpretarlos correctamente. Y como he señalado, es muy peligroso que contraigas una relación de índole permanente, antes de que ni siquiera hayas tenido la oportunidad de conocer a fondo tu mente o de decidir lo que esperas de la vida. He visto muchos noviazgos cortos que produjeron igualmente cortos matrimonios, y espero que el tuyo no sea uno de ellos.

Enamorados jóvenes y mayores

Pregunta Número 10: "Creo que los adolescentes

son más capaces de sentir amor verdadero que los adultos''.

La respuesta a esta última pregunta también es "falso", porque el amor verdadero requiere cierto grado de madurez. Como ves, el amor abnegado sólo puede darse entre aquellos que tienen la capacidad de dar de sí mismos. El amor no es acaparador, ni egocéntrico ni egoísta. El verdadero amor consiste en que uno pueda contribuir a la felicidad de otra persona, sin que se espere recibir nada a cambio. Y esa generosidad requiere mucha madurez, cualidad que, raras veces, se da durante los tempuestuosos años de la adolescencia. A eso se debe, el hecho de que los matrimonios entre adolescentes, a menudo, comienzan a derrumbarse, poco tiempo después de pasada la luna de miel.

De la sartén al fuego

Quiero hacer otra advertencia más, sobre los matrimonios prematuros. Nunca cometas el error de valerte del matrimonio como un medio para escaparte de tus padres o de las circunstancias en que te encuentras en ese momento. Algunos jóvenes de diecisiete o dieciocho años se cansan de su familia, como la chica que me dijo que la única vez en que siente nostalgia es cuando está en su casa. Estos chicos no se comunican con sus padres, y riñen constantemente con sus hermanos. Entonces, en un momento en que se sienten muy infelices, surge la oportunidad de alejarse con otra persona que también está inconforme en su hogar. El matrimonio tal vez parezca una solución fácil para dos problemas graves, pero casi nunca funciona de esa manera. Es igual que brincar de la sartén al fuego. Semejante unión puede convertirse (y por lo general es así) en una relación desastrosa. De todos los motivos que pueda haber para contraer matrimonio, el deseo de escapar de mamá o de papá es uno de los peores.

Para resumir, voy a repetir la sugerencia que te ofrecí anteriormente: Escoge la persona que ha de ser tu compañera con mucho cuidado, *después de que hayas cumplido los veinte años*. Puede que este consejo gratuito te evite toda una vida de sufrimiento a ti y a otra persona.

El verdadero significado del amor

Ahora que has leído las respuestas a las diez preguntas del cuestionario, sabes que todas las aseveraciones son falsas. Las seleccioné precisamente porque son diez de los conceptos erróneos más comunes que existen, sobre el significado del amor. Son las ideas equivocadas que con más frecuencia escucho de labios de los jóvenes, en mi labor de consejero.

Para resumir el mensaje de este capítulo, y a modo de ejemplo, voy a relatar un hecho de mi vida personal. Cuando mi esposa Shirley, tenía siete años, la situación en su hogar era muy triste, ya que su padre era un alcohólico. Por este motivo, ella empezó a pensar en la persona con quien habría de casarse algún día. Más que nada en el mundo, quería crecer y tener un esposo cristiano y un hogar feliz. Dios vio cómo esta menuda niñita se encerraba en su habitación; se arrodillaba y comenzaba a orar en su manera infantil, pidiéndole a Dios que bendijera el hogar que algún día tendría, y que le diera un esposo que la amara y la cuidara. Dios escuchó su petición. Hoy, Shirley y yo formamos un matrimonio maravilloso, y Dios nos ha bendecido concediéndonos dos hijos que son nuestra razón de vivir.

Conocí a Shirley cuando estábamos en la universidad, (en el mes de septiembre, por supuesto), y *poco a* poco, llegué a amarla. Fíjate que no dije "me enamoré" de ella. Esa frase es engañosa porque le hace creer a los jóvenes que enamorarse es igual que caerse en una zanja. No es así como sucede. No me enamoré de Shirley. . . *fui desarrollando* una relación estrecha con ella. Después de que la primera oleada de emoción terminara, comencé a desarrollar una profunda estimación por esta joven. Me encantaba su sentido del humor y su agradable carácter. Pude palpar cuánto ella amaba a Dios, y cómo disfrutaba las cosas buenas de la vida. Y poco a poco, se desarrolló en mí un deseo de hacerla feliz, de llenar sus necesidades, de proveerle un hogar, y de compartir mi vida con la suya.

Pero quiero que sepas que no siempre me *siento* tan intensamente romántico y amoroso hacia Shirley. Hay momentos en que nos sentimos muy cerca el uno del otro, y otras veces, estamos muy distantes. A veces, nos sentimos cansados y agobiados por los problemas, y las preocupaciones y eso afecta nuestras emociones. *Sin embargo, aun cuando el sentimiento de intimidad desaparece, ¡el amor permanece!* ¿Por qué? Porque nuestra relación no está basada en un sentimiento pasajero; sino en un firme compromiso de la *voluntad*. En otras palabras, me he propuesto obtener el bienestar de Shirley, aun cuando haya momentos en que no sienta nada. Sé que el sentimiento de intimidad regresará cuando tengamos tiempo para estar juntos. . . cuando nos vayamos de vacaciones . . . cuando ocurran sucesos emocionantes. . . cuando juntos estemos haciendo cosas románticas. Tarde o temprano, el sentimiento volverá y durará varios días. Pero cuando estoy muy ocupado. . . cuando tengo la mente puesta en otras cosas. . . cuando ha habido enfermedad en la familia. . . o problemas de otra índole. . . es probable que mis emociones se enfríen de nuevo.

Tus emociones van a fluctuar también. Es por eso, que debes comprender que el amor es algo más que un sentimiento; es también un compromiso de la voluntad. Se necesitará una firme determinación de parte tuya, si quieres tener éxito en tu matrimonio. Esta actitud resuelta será como el motor de un tren y te mantendrá corriendo por la vía correcta. Por otro lado, el sentimiento del amor es como un furgón de cola, que es halado por el potente motor, al otro extremo.

Unas palabras finales

Si yo tuviese que resumir el mensaje de este capítulo en una oración, diría que el verdadero amor consiste en ocuparse de otra persona, casi tanto como te preocupas por ti mismo. Así es, precisamente, como la Biblia describe el amor conyugal— es el convertirse en "una sola carne" con otro individuo. Los dos, en realidad, se convierten en una persona. Es mucho más que casarse con alguien que hará algo bueno por *mí*. Más bien, es aprender a amar a alguien, igual que a mi propia carne, y al casarnos, nos unimos. Ese es el verdadero significado del amor. Si sientes esa clase de estimación hacia otra persona, estás en camino a lograr un hogar feliz.

cinco

Una idea llamada emoción

Hemos tratado los temas: el abismo de la inferioridad, los riesgos de la conformidad, los cambios físicos que ocurren durante la pubertad, y el significado del amor. Ahora, ha llegado el momento de que comprendas mejor las emociones (o sentimientos) que, a menudo, se experimentan durante los años de la adolescencia. Este tema es muy importante, porque los cambios que están a punto de producirse en tu mente, serán casi tan emocionantes como aquellos que pronto ocurrirán en tu cuerpo. Ahora, te encuentras en las etapas finales de la niñez, y una vez la abandones, será para siempre.

Quizás la mejor forma de que empieces a familiarizarte con las emociones que ocurren en la adolescencia, es relatándote un incidente de mi vida personal. Fue el día más triste de mi niñez. Todo comenzó un día, a las once de la mañana. Cursaba el séptimo grado, y estaba en el salón de clase. Entonces, el chico que estaba sentado junto a mí, me indicó que mirara hacia la puerta. Miré en esa dirección, y vi a mi padre, que me hacía señas para que saliera afuera. Me dijo que nos íbamos a casa, y que no regresaría a la escuela ese día. No me explicó el porqué.

Mientras nos dirigíamos hacia el auto, me di cuenta de que algo terrible pasaba. Podía ver la tensión reflejada en el rostro de mi papá, pero tenía miedo de preguntarle qué ocurría. Finalmente, se volteó hacia mí, y me dijo: —Jim, tengo malas noticias, y quiero que te portes como un hombre.

—¿Le ha pasado algo a mi mamá? —inquirí.

—No, —me contestó.

—Entonces se trata de mi perro, ¿verdad? —añadí.

Mi padre asintió con la cabeza, y entonces comenzó a contarme lo sucedido. Hacía unos pocos minutos, mi mamá acababa de regresar a casa en su auto. Mi perrito (que se llamaba Peppy), al verla llegar, corrió a la calle para recibirla. Al pasar el auto, Peppy brincó por el lado del vehículo, y aparentemente, dio contra el mismo, cayendo debajo de la rueda trasera. Entonces, mamá sintió el desagradable ruido sordo, cuando se produjo el impacto y el auto lo atropelló. Peppy dio un grito de dolor, y quedó tirado inmóvil, junto a la carretera.

Mamá detuvo el auto de inmediato, y corrió al lugar donde estaba tendido mi perro. Se inclinó sobre él, y le habló dulcemente al cachorro. Peppy no podía responder porque tenía roto el lomo, pero movió sus ojitos color castaño en dirección de la voz. Cuando reconoció a mi mamá, Peppy meneó su cola achaparrada en señal de alegría. Aún estaba meneando su rabito cuando su mirada se volvió vidriosa, al acercarse la muerte.

La pérdida de un amigo

Ahora, tal vez no te parezca algo tan terrible el

hecho de perder a un perro, pero la muerte de Peppy significó el fin del mundo para mí. No puedo describir con palabras lo importante que él era para mí, cuando tenía trece años. Era un amigo muy especial, y nadie puede imaginarse cuánto yo lo amaba. Le contaba cosas que al parecer sólo él podía comprender. Me esperaba en el borde de la acera a la hora de salida de la escuela, todos los días, y me recibía meneando la cola (lo que nadie nunca hizo por mí). Nos íbamos al patio trasero de mi casa, y solíamos jugar y correr juntos. Peppy siempre estaba de buen humor, aun cuando yo no lo estaba. Sí; entre Peppy y yo ocurría algo que sólo los amigos de los perros comprenden.

Cuando mi padre me contó la historia de la muerte de Peppy, creí que iba a morirme. No podía tragar, y respiraba con mucha dificultad. Quería huir corriendo. . . gritar. . . llorar. Sin embargo, me quedé sentado, en silencio, en el auto, con un nudo grande en la garganta y una fuerte sensación de martilleo en la cabeza.

No recuerdo, con exactitud, cómo pasé esa tarde en casa, aunque sí recuerdo que estuve llorando casi todo el día. Muy pronto compuse un poema en honor a mi perro, titulado, "A Peppy". No fue una grande obra literaria, pero expresaba mis sentimientos bastante bien. La última estrofa del poema dice así:

Mi mamá lo atropelló y cuánto yo lloré,
Y poco a poco y en silencio mi cachorrito se murió
Y si al cielo van los perros, sé que el mío ha de estar
allá,
Mi pobre y pequeño Peppy, el de blanca y suave lana.

Más adelante, esa tarde, la familia celebró un servicio fúnebre para nuestra querida mascota fallecida. Cavé un pequeño hueco detrás de la vid, en la parte de atrás del patio, y mientras el sol se ocultaba, colocamos su tieso cuerpecito en el agujero. Antes de echarle tierra para cubrirlo, metí la mano en el bolsillo y saqué un centavo de cobre. Lo puse encima de su pecho ensangrentado. A estas alturas, no estoy seguro de por qué hice eso. Supongo que era sólo mi modo infantil de decirle a mi cachorro que lo amaba. Y mi padre, que me había dicho que afrontara la situación como un hombre, lloró a moco tendido ese día, detrás de la parra. No cabe duda que ése fue el día más triste de mi niñez.

Es importante comprender que han habido muchos más momentos *significativos* en mi vida, después de la muerte de Peppy. Han habido más días importantes, y ciertamente han ocurrido mayores pérdidas que la que sufrí en aquella mañana nublada. Sin embargo, han habido menos días tristes desde entonces, hasta el presente. ¿Por qué? Porque yo tenía trece años cuando Peppy murió. Eso hizo que todo pareciese aún mucho peor.

Los sentimientos más fuertes

Como ves, *todo* se siente con mayor intensidad durante la niñez, y especialmente durante la adolescencia. ¿Recuerdas cuándo fue que te comiste la primera cereza cubierta de chocolate, de niño? ¿Recuerdas su delicioso sabor, y cómo el dulce llenaba tu paladar? La primera vez que saboreé esta golosina, fue en el despacho de un médico, cuando tenía seis años. Había sufrido una caída y me había partido el labio, y había que coserlo para unirlo nuevamente. Me porté como un "niñito tan valiente" mientras me cogían los puntos, que el doctor me premió con una cereza cubierta de chocolate. Nunca había probado algo tan delicioso. Todavía hoy, recuerdo su sabor. Durante varias semanas, el sabor de ese dulce permaneció en mi paladar, y suspiraba por otro. Inclusive pensé en partirme el labio otra vez ¡sólo para que me recompensaran de nuevo por mi valor! Ahora, evidentemente, el dulce ya no es tan importante para mí, hoy en día, porque mis deseos no son tan fuertes como adulto, como lo fueron en la infancia.

¿Recuerdas la primera vez que te montaste en la estrella? ¿Recuerdas la primera vez que fuiste al dentista? (¿A quién se le puede olvidar esa experiencia?) El punto que quiero resaltar es que cuando uno es joven, las cosas buenas parecen más increíbles, y las malas más insoportables. Es por eso que la muerte de Pippy por poco me mata a mí también.

Tal vez te preguntes, ¿por qué está contando esto? ¿Qué tiene ello que ver con mi vida futura? Todo esto significa que, con toda probabilidad, tus propios sentimientos se volverán aún más intensos durante los próximos años. Así es la adolescencia. Las cosas pequeñas que no te preocuparán para nada cuando seas mayor, en la adolescencia te molestarán bastante. En la adolescencia, tus temores serán más alarmantes, tus placeres más emocionantes, tus problemas más inquietantes, y tus fracasos más intolerables. Cada experiencia aumentará su tamaño al doble, durante la temprana adolescencia. Es por eso que los adolescentes, a menudo, son tan impulsivos, y a veces, actúan sin pensar, y entonces más tarde se arrepienten de su conducta. Pronto te darás cuenta de que los sentimientos son intensos y poderosos durante la adolescencia.

Existen seis características más de las emociones durante la adolescencia que quiero tratar brevemente. Comenzaremos examinando el "yo-yo humano".

1. LAS EMOCIONES CICLICAS

Es conveniente que sepas que los sentimientos

tienden a fluctuar; con sus alzas y bajas. Tal vez digas: "Bien. ¿Y eso, que significa?" Eso quiere decir que cuando estés deprimido y triste, y te sientas infeliz, y todo te salga mal y te parezca que la vida no vale la pena vivirla, debes hacer un esfuerzo por sobreponerte a la situación durante varios días. La depresión no te durará mucho tiempo. Las circunstancias que te rodean van a cambiar y el sol saldrá otra vez para ti. Tarde o temprano despertarás una mañana sintiéndote contento de estar vivo. Saltarás de la cama, y le silbarás a los pájaros y saludarás a las flores, y te pasarás tarareando tu canción favorita durante todo el santo día.

Pero te advierto que este sentimiento de optimismo tampoco durará mucho. Como ves, son pocas las personas que se quedan en un estado de absoluta felicidad, o sumidas en una total depresión durante mucho tiempo. El patrón que suelen seguir todas las emociones es uno que fluctúa de arriba abajo, y viceversa, cada año. En realidad, todos nosotros, somos unos "yo-yos", en este sentido. Por lo tanto, cuando estés en las nubes, espera una bajada; y cuando estés en el sótano, espera la subida. De esta manera, no te sorprenderás ni te deprimirás cuando ocurra un cambio repentino. Otra forma de describir estos sentimientos inestables es decir que las emociones humanas son de carácter *cíclico*. Las mismas, ocurren en patrones regulares y dependen de las horas de descanso que hayas tenido, el estado de salud en que te encuentras, y de cómo marchan tus asuntos. La verdad, es que el mundo no es como me parece a mí o a ti; nuestras emociones distorsionan o alteran un poco el cuadro verdadero. ¡Qué concepto un tanto pesimista!, ¿verdad?

2. LAS IMPRESIONES FALSAS

El segundo aspecto de las emociones que es necesario que entiendas, tiene que ver con el peligro de las impresiones. Una impresión es una idea íntima que según tú proviene de Dios, o de algún agente desconocido. Por ejemplo, conozco a un hombre joven que mientras conducía su auto por la calle, tuvo un fuerte presentimiento de que pronto se iba a morir. Le parecía "escuchar" este mensaje en lo más profundo de su mente: "Tu vida está a punto de terminar". El individuo pensó que Dios le estaba diciendo que se preparara para enfrentarse a la muerte. El sudor comenzó a formársele en la frente, y se le secó la boca. Las manos empezaron a sudarle, y su corazón comenzó a latir a un ritmo acelerado. Este hombre en realidad llegó a creer que tal vez, estaba gozando de sus últimos minutos de vida. En su angustia, por poco choca contra un poste telefónico (lo cual, habría probado que la impresión era cierta, por supuesto). Pero, te aseguro que este hombre joven aún está vivo, y se las arregla divinamente bien.

Puedes tener impresiones de muchas clases, y si te dejas llevar por ellas, pueden obligarte a tomar las decisiones equivocadas. Algunas impresiones pueden hacer que te cases de repente, o te mudes a otro pueblo, o abandones la escuela, o te enlistes en el ejército. Cuando estos poderosos pensamientos y sentimientos acudan a tu mente, sólo recuerda esto: Dios casi nunca le exige algo a uno que requiera cambios repentinos. Concédete a ti mismo varios días, o algunas semanas para estudiar todos los aspectos del asunto. Y mientras más importante sea la decisión, con mayor cuidado y detenimiento debes revisar los hechos.

Cómo conocer cuál es la voluntad de Dios

He señalado que las impresiones no son una base segura al tomar una decisión rápida. ¿Cómo entonces, puede una persona joven conocer cuál es la voluntad de Dios en una situación en particular? ¿Cómo puede uno distinguir entre un sentimiento misterioso y la verdadera dirección del Señor? Voy a enumerar cinco breves sugerencias rápidas que facilitarán esta tarea.

Primero: comunícale a otra persona la decisión que vas a tomar; exponle tu situación a una persona en la que tengas confianza, y con quien puedas compartir tus ideas.

Segundo: lee la Biblia para obtener dirección. Dios va a hablarte por medio de su Palabra, y El nunca va a pedirte que hagas algo que está en contradicción con su Palabra.

Tercero: observa cuáles son las puertas que se abren y las que se cierran de golpe. Si Dios te está encaminando en una dirección en particular, El obrará por medio de lo que llamamos "circunstancias providenciales". Dios te presentará las oportunidades para que hagas lo que El quiere. No tendrás que "trabajar duro" para eliminar los obstáculos, si Dios toma parte en todo.

Cuarto: concédete a ti mismo suficiente tiempo para pensar. No tomes ninguna decisión importante mientras te encuentres confundido. Esta es una norma excelente que debes seguir durante toda tu vida. Cuando no estés seguro sobre lo que debes hacer, aplaza la decisión final todo el tiempo que puedas. Puede que adquieras una mayor confianza, al cabo de unos días.

Quinto: órale a Dios pidiendo su dirección y bendición en lo que has de hacer.

Estas son sólo algunas sugerencias que te ayudarán a combatir las impresiones que han de acudir a tu mente durante los próximos años de tu vida. Es preferible darse cuenta de que estos impulsos son parte de la adolescencia. No te dejes llevar por algo que te

arruinará por el resto de tu vida. En otras palabras,
¡sé muy *cauteloso*!

3. LA DECLARACION DE LA INDEPENDENCIA

Ahora, hablemos con franqueza sobre otro problema
que está relacionado con las emociones, y que por lo
general surge en la adolescencia; lo denominamos: "el
conflicto entre las generaciones". Esta frase se refiere
a la incomprensión e intolerancia que, con toda probabilidad, ocurrirá entre tus padres y tú durante los años
de la adolescencia.

¿Cómo es que puedo predecir de antemano que
puede que haya fricción entre tus padres y tú en los
años venideros? Sé que así será, porque pronto ocurrirán algunos cambios llenos de tensión, que afectarán
la relación entre ustedes. Cuando tú naciste, depen-
días de tus padres para todo. Tu vida misma estaba en
sus manos— no podías valerte por ti solo— no podías
virarte del otro lado, ni rascarte la cabeza, y ni siquiera podías pedir alimento, a menos que emplearas el
chillido estridente que Dios te dio.

Pero, a medida que fuiste creciendo, y aprendiendo
y desarrollándote comenzaste a depender menos de
ellos. Pronto pudiste sostener tú solo la botella, y un
poquito más tarde, lograste dormir durante toda la
noche sin necesidad de recibir alimento. Entonces
aprendiste a gatear, y pronto comenzaste a caminar.
Cada vez que aprendías una nueva conducta, ibas
adquiriendo una mayor independencia de tus padres.
En vez de que tuviesen que lavarte por detrás de las
orejas, ya eras lo suficientemente grande para hacerlo
tu solo. En vez de recogerte los bloques, y vestirte la
cama, y proporcionarte cada centavo que necesitabas,
tus padres permitieron que asumieses estas nuevas
responsabilidades. Con el tiempo, aprendiste a reali-

zar tareas más difíciles, y a pensar por ti mismo. Con
cada paso que dabas en el proceso de crecimiento, te
ibas volviendo más independiente de tus padres, y
ellos fueron liberándose de la tarea de servirte. Dentro
de algunos años, ese proceso será completado. Llegarás a ser totalmente independiente de tus padres, y
ellos quedarán relevados de su obligación de servirte.

Completamente libre

Mas vale que te prepares para ello: pronto serás tu
propio jefe. Decidirás cuándo llegar y cuándo salir,
con quién vas a pasar tu tiempo, cuándo acostarte,
qué comer y exactamente qué vas a hacer con tu vida.
Decidirás si vas a servir a Dios o a darle la espalda.
Tus padres ya no podrán exigirte nada, porque ya no
serás más un niño. En realidad, tu relación con tus
padres se convertirá más en una amistad que otra
cosa, y ya no te supervisarán ni te disciplinarán. Lo
que estoy diciendo es que desde que uno nace, y
durante toda la infancia, se empieza con una enorme
dependencia, que culmina en una completa independencia, en la etapa final de la adolescencia. Durante
este mismo período, tus padres dejan de ser servidores
y pasan a ser personas libres nuevamente. En eso consiste la infancia, la adolescencia y la paternidad.

¿Qué tiene que ver esto con el conflicto que he pre-
dicho? Bueno, cuando una persona joven tiene catorce, quince o dieciséis años, a veces recibe una muestra
de independencia, y comienza a exigir su libertad
absoluta, de inmediato. El joven quiere tomar sus
propias decisiones. Quiere gobernar su vida por sí solo.
Comienza a sentirse ofendido por la autoridad paterna, y quiere demostrar que ya no es un niño. Sin
embargo, mamá y papá saben que su hijo (a) aún no
está preparado para recibir la libertad absoluta (inde-

pendencia). Todavía necesita la dirección de ellos en algunos aspectos, y se proponen brindársela. Como resultado de esto, puede producirse una lucha dolorosa, que tal vez dure tres o cuatro años.

Existe otro aspecto en este conflicto. A la vez que el adolescente está exigiendo una absoluta independencia de la autoridad paterna, también insiste en ser muy *dependiente* en otros aspectos. Por ejemplo, espera que se le sirvan sus tres comidas calientes en la mesa, diariamente, que le planchen las camisas, le paguen las cuentas del doctor, y le laven las medias. En otras palabras, quiere gozar de libertad, sin tener que asumir responsabilidades. Esa combinación no va a funcionar. Si una persona aún no está preparada para asumir todas las responsabilidades que conlleva la vida, entonces tampoco será capaz de manejar una libertad absoluta.

Lo que quiero decir es que estos aspectos de dependencia e independencia han sido motivo de discrepancia entre millones de familias y probablemente, en la tuya, también se producirán algunas dificultades sobre este mismo punto. De surgir algún conflicto entre tus padres y tú, recuerda que esta situación de tensión es parte del proceso de crecimiento. Ello no significa que no ames a tus padres, o que ellos no te amen a ti. Es una lucha normal que se produce cuando comienzas a exigir una mayor libertad de la que, a juicio de tus padres, no te conviene en ese momento de tu vida. Te aconsejo que dialogues con ellos abiertamente, sin reservas, y plantees estos puntos. Si crees que la independencia que te conceden *no está de acuerdo con tu edad*, comunícaselo con toda serenidad. Diles que crees que tienes edad suficiente para tomar más decisiones por ti solo (y asume la responsabilidad que las mismas conllevan). Sin embargo, debes tener sensatez. Te aconsejo que te sometas a la autoridad de tus padres, cuando ellos estén convencidos sobre un asunto en particular. Después de todo, ellos sólo procuran tu bienestar.

Mi mensaje

Para concluir este tema, quiero comunicarte lo que le he dicho a mi hijo y a mi hija, tocante a este tema de la independencia. Quizás el sentir de tus padres sea el mismo que queda expresado en el siguiente mensaje:

En primer lugar, quiero que sepas cuánto te amo. Ha sido un gran privilegio para mí el tener la oportunidad de criarte. . . de ser tu padre y de verte crecer. Sin embargo, ahora estás iniciando una nueva etapa en tu vida, llamada adolescencia, que a veces, crea tensión entre padres e hijos, y quizás afecte la relación de amor y comprensión que existe entre nosotros. Puede que durante los próximos años haya ocasiones en que demandes una mayor libertad de la que a juicio mío debas recibir. Quizás quieras ser tu propio jefe y tomar tus propias decisiones, antes de que mi criterio me dicte estés preparado para manejar esa independencia. Esta situación tal vez cree alguna fricción entre nosotros, aunque espero que el conflicto no sea serio.

Sin embargo, si ocurre esto, quiero que sepas que voy a poner de mi parte para ser lo más tolerante posible en cada asunto. Escucharé tu punto de vista, y entonces, trataré de comprender tus sentimientos y actitudes. No voy a ser un "dictador" al cual no le importan en absoluto las necesidades y los gustos de la otra persona. En otras palabras, por el amor que siento por ti, trataré, hasta donde esté a mi alcance, de hacerte feliz.

Por otro lado, debes esperar un "no" de parte mía, cuando mi criterio me lo dicte. Lo más fácil del mundo para mí sería decirte: "Anda, vé, y haz lo que quieras. No me importa quiénes son tus amigos o cuáles son tus calificaciones en la escuela. Voy a dejarte tranquilo para que hagas lo que mejor te parezca". Ese sería un modo sencillo de evitar todo tipo de fricción y resentimiento entre nosotros.

Pero el amor exige de mí que haga lo que está correcto, aun cuando resulte desagradable. Pronto te darás cuenta de que tengo el valor que se requiere para tomar esa clase de decisiones, cuando sea necesario. Por lo tanto, puede que haya un período de tirantez en los años que se avecinan. Pero, cuando esto ocurra, ten presente que yo te amo, y tú me amas, y vamos a seguir siendo amigos durante esta época difícil. El mundo puede ser un lugar frío y solitario para aquellos que carecen del cariño y la comprensión de su familia; y es por eso que vamos a continuar preocupándonos los unos por los otros en este hogar. Y creo que cuando llegues a los veinte, recordarás estos pequeños conflictos y agradecerás el hecho de que te amé lo suficiente como para irte concediendo libertad poco a poco, a medida que te preparabas para enfrentarte a mayores responsabilidades.

Si eres sensato, y tienes madurez aceptarás este mensaje de tus padres desde la infancia hasta que te conviertas en adulto. En otras palabras, no emitirás tu "declaración de independencia" antes de tiempo.

4. YA DEJASTE DE SER EL BEBE DE MAMA

El deseo de independencia crea entre los adolescentes, una rara preocupación de que los vean en compañía de mamá y papá. ¡Parece raro el hecho de que un adolescente se sienta avergonzado de ir con sus padres a comer a un restaurante o de asistir a un partido de baloncesto con las personas que lo han criado desde que nació! No obstante, tal vez *tú* sientas lo mismo en el futuro cercano. No se debe a que, de repente, te desagraden tu papá y tu mamá o que eres demasiado bueno para ellos. Lo que pasa es que quieres que tus amigos piensen que ya eres mayor, y el hecho de que te vean con tus padres te parece algo un poco infantil. Esto es muy cierto, especialmente, los viernes por la noche, que es la tradicional "noche de salir en una cita".

¿Cómo sé yo que experimentas este sentimiento de vergüenza? Porque yo *detestaba* que mis amigos me vieran con mis padres, cuando estaba en la escuela intermedia. En realidad, una de las experiencias más desagradables de mi vida la tuve el día en que me gradué de octavo grado. Mi papá hizo lo que haría cualquier padre, orgulloso de su hijo—llevó su cámara y me tomó una película frente a la escuela, con mis amigos rodeándome. Recuerdo que me sentí ofendido por su presencia allí, ese día. Me sentía ridículo con esa cámara enfocándome. Ya no quería ser un niñito a quien su papito retrataba. Eso era lo que él habría hecho si yo hubiese tenido tres años, y me regalarán un triciclo nuevo. Hoy, cuando veo esa película, percibo la mirada de vergüenza reflejada en el rostro de un chico de octavo, que se siente cohibido.

Estos son algunos de los sentimientos que, con toda probabilidad, tú también experimentarás en los próximos años. Claro que, todo el mundo no es igual. Eso es lo maravilloso de los seres humanos—todos somos diferentes en algo, y tal vez nunca experimentes ese sentimiento que he descrito. Pero, con toda probabilidad, te sentirás avergonzado cuando estés con tus amigos, y tus padres estén presentes. No es porque no los ames; no te sientas culpable sobre eso. Es porque quieres crecer, y te preocupa la presión de tus compañeros. Todo esto es una parte normal de la experiencia de la adolescencia.

Las travesuras en el salón de clase

Antes de pasar a otro tema, quiero contarte algo gracioso que me sucedió. Mi mamá empleaba esta presión social para forjar mi carácter, y para lograr que me comportara correctamente en la escuela. Sucedió que, mientras cursaba el noveno grado, decidí que era más divertido ser un payaso que ser aplicado en los estudios y aprender. Tenía un par de maestras que no sabían cómo controlar a sus alumnos, y a mis amigos y a mí nos encantaba interrumpir sus clases todos los días. Yo estaba gozando de lo lindo, riéndome y haciendo chistes, pero como era de esperarse, mis calificaciones comenzaron a bajar. Sabía que lo que hacía no estaba bien, pero me estaba divirtiendo mucho. De alguna manera, mi mamá se enteró de que yo estaba perdiendo el tiempo, antes de que nos entregaran las calificaciones. No sé como lo supo, pero lo cierto es que ella siempre parecía adivinar lo que yo estaba pensando.

Un día se sentó conmigo para que sostuviésemos una pequeña charla. Me dijo lo siguiente: "Sé lo que estás haciendo en la escuela. No sólo podrías mejorar tus calificaciones, sino que estoy segura de que estás creando problemas en el salón e interrumpiendo las clases también. He pensado lo que voy a hacer al respecto. Podría castigarte o quitarte los privilegios de que gozas, o ir a ver al director de la escuela. Pero he decidido lo que voy a hacer. No haré ninguna de estas cosas. En realidad, no voy a hacer nada respecto a tu conducta. *Sin embargo*, si tu maestra o el director, alguna vez me llama para darme la queja sobre tu comportamiento, entonces, sin falta, al día siguiente, voy a ir a la escuela contigo y me sentaré junto a ti durante todas las sesiones de clase. Voy a llevarte de la mano mientras camines por el pasillo, y no me apartaré de ti ni un solo momento, cuando estés con tus amigos. Tendré mi brazo echado sobre tus hombros durante todo el día en la escuela. ¡No podrás escaparte de mí ni un solo minuto!"

Créeme, ¡esa amenaza de dio el susto de mi vida! Hubiese preferido que mi madre me diera una paliza, a que me acompañara a la escuela. El sólo pensar en esa horrible posibilidad, fue lo suficiente para que enmendara mi conducta de inmediato. ¡No podía correr el riesgo de que mi mamá me siguiera a todas partes en la escuela! Eso hubiese sido un suicidio social. Mis amigos se hubiesen reído de mí durante todo el resto del año. Estoy seguro de que mis maestras se preguntaban por qué, de repente, me había vuelto ¡tan cooperador durante el último semestre del noveno grado! Piensa en eso. ¡Esta tragedia podría ocurrirte a ti también!

5. LA EDAD DE LA CONFUSION

Ahora concentremos nuestra atención en el quinto aspecto de las emociones de los adolescentes que debes prever. Si eres igual a la mayoría de los adolescentes, pronto vas a experimentar una época de confusión sobre lo que crees. Cuando eras un niño pequeño, te decían cuál era la verdad, cómo era el mundo, qué valores debías guardar, a quién debías respetar, y de quién debías desconfiar. Aceptabas todo lo que te enseñaban, sin dudar o recelar. Cuando tus padres decían: "Santa Claus va a bajar por la chimenea a medianoche" tú esperabas con mucha ilusión que el alegre viejo barrigón estuviese allí.

Sin embargo, a medida que te vayas adentrando en la adolescencia, vendrá a ser algo completamente natural el cuestionar cada una de las creencias que te han enseñado. Probablemente llegará un momento en que digas: "Un momento. ¿En realidad acepto lo que mis padres me han enseñado? ¿Puedo confiar en que me han dicho la verdad? ¡Vamos a pensar en esto, antes de sacar conclusiones precipitadas!"

Esta época de preguntas, es una etapa muy importante en tu vida como cristiano joven. Puede ser el momento en que desarrolles *tu propia* relación con Dios, en vez de depender de la religión de tus padres.

Por otro lado, puede ser una época llena de angustia, debido a la confusión que la misma trae consigo. Es por eso que te advierto sobre ello ahora, para que no te desconciertes demasiado durante esos días, cuando comienzas a cuestionarlo todo. Si puedes continuar en tu búsqueda de las respuestas a los problemas fundamentales de la vida, a la larga, hallarás respuestas y soluciones satisfactorias. Y son muchas las probabilidades de que descubras que tus padres tenían razón desde el principio.

6. LA BUSQUEDA DE LA IDENTIDAD

Otro principal acontecimiento de la adolescencia, que está íntimamente relacionado con esta época de confusión, es la llamada *búsqueda de la identidad*. Esta frase se refiere a la necesidad que tiene cada persona joven de saber quién es. Ahora quiero preguntarte cuánto *tú* te conoces a ti mismo. ¿Sabes quién eres? ¿Sabes lo que quieres en la vida? ¿Conoces cuáles son tus puntos fuertes y tus debilidades? ¿Sabes lo que crees acerca de Dios? ¿Te gusta la "imagen" que tienen tus amigos de ti? Todas estas preguntas están relacionadas con la búsqueda de la identidad.

Quizás pueda demostrarte lo importante que es tener una identidad bien definida, trayéndote el ejemplo de un joven que se conoce muy poco a sí mismo. Este muchacho, a quien llamaremos Marvin, tiene cuatro hermanos; él es uno de los del medio. Sus padres son personas muy ocupadas, y casi nunca tienen tiempo para leerle cuentos a sus hijos, o llevarlos a pasear o jugar con ellos, o construirles aviones de juguete. Hacen poco, excepto trabajar día y noche. Marvin cree que sus padres lo aman, pero piensa que no tiene el *respeto* de ellos (o el de ninguna otra persona).

A los cinco años, Marvin ingresa en el jardín de la

infancia, donde pasa la mayor parte del tiempo corriendo en los triciclos. Un año más tarde, se encuentra con que tiene cierta dificultad para aprender a leer. El no sabe por qué. Los demás alumnos también están aprendiendo matemáticas con mucha mayor rapidez que él. Son muy pocas las veces que Marvin recibe una "carita sonriente" dibujada en los trabajos que realiza en la escuela. No recibe elogios de la maestra frente a sus condiscípulos por las tareas escolares que ha realizado. Y él sabe que sus padres tampoco están muy contentos con su trabajo en la escuela. El piensa que él es muy estúpido.

Finalmente, logra entrar a la escuela intermedia, y Marvin no tiene la más mínima idea de quién es él, en realidad. No es buen jugador de baloncesto, tenis o golf. No sabe tocar ningún instrumento. No sabe dibujar, ni pintar, ni puede crear ningún proyecto de valor artístico. En realidad, nunca ha hecho algo en toda su vida que valga la pena mencionarse o por lo que deba sentirse orgulloso. Marvin no sabe lo que quiere ser cuando crezca. En realidad, ni siquiera está seguro de que quiera crecer. Lo que estoy tratando de decir es que un muchacho como Marvin *no* tiene sentido de la identidad. Si una maestra de inglés le pidiese que escribiera una composición de una página, sobre el tema "¿Quién soy yo?", él ni siquiera podría escribir la primera línea.

El caso de Marvin es uno extremo, y tal vez no se aplique a ti. Sin embargo, hasta cierto punto, la mayoría de los adolescentes carece de un sentido de identidad. Si te encuentras en una situación semejante, te aconsejo que en los próximos años, inicies la búsqueda, hasta que logres encontrarte a ti mismo. Practica distintos deportes y trata de aprender a tocar un instrumento musical o pídele a tu madre que te enseñe a coser. También puedes acudir a la oficina de orientación en tu escuela y tomar algunas pruebas de aptitud y habilidades, que definirán tus gustos, lo que te desagrada y determinarán cuáles son tus destrezas. El unirte a los Niños Escuchas también puede ayudarte a descubrir muchos nuevos aspectos de tu carácter. Trata, por todo los medios, durante estos años, de descubrir todo el potencial que hay en ti.

Conviertiéndose en hombres y mujeres hechos y derechos

Quiero agregar algo más que está relacionado con la búsqueda de la identidad, y es que debes encontrar el papel masculino o feminino correspondiente. Como ves, hasta ahora, has sido una niñita o un niñito, pero pronto vas a convertirte en un hombre adulto o en una mujer. Las chicas comenzarán a asumir la conducta propia del sexo femenino, y los muchachos adoptarán el muy diferente comportamiento masculino. Pero antes de que estos cambios ocurran, es necesario que sepas qué es masculino y qué es femenino. Esas diferencias ya no están tan claramente definidas, hoy en día, como lo fueron cuando tus padres se criaban y mucha gente joven tiene una identidad sexual muy confusa.

El otro día, escuché una historia acerca de un niñito y una niña que acababan de conocerse. Estaban tratando de ponerse de acuerdo sobre qué clase de juegos iban a jugar, y el niño dijo lo siguiente:

—Tengo una idea, vamos a jugar béisbol.

—Oh no, yo no juego esa clase de juegos —contestó la niña. El béisbol es un juego de niños solamente. No es femenino el correr por un solar vacío y lleno de polvo. No, yo no quiero jugar béisbol. Así que el niño respondió:

—Está bien. Juguemos, fútbol, entonces.

—Oh no, yo no voy a jugar fútbol. Eso es menos femenino todavía. Podría caerme y ensuciárseme el vestido. No, ése no es juego para las niñas —ella le contestó.

—Está bien. Oye, tengo una idea: ¿Por qué no echamos una carrera hasta la esquina? —añadió el chico.

La respuesta fue: —No. Las niñas jugamos juegos tranquilos; nosotras no nos echamos a correr porque nos ponemos todas sudorosas. Las niñas nunca echan carreras con los niños.

El niño entonces se rascó la cabeza, tratando de pensar en algo que ella quisiese hacer, y finalmente le dijo: —¿Qué te parece si jugamos a papá y mamá?

—¡Estupendo, yo seré el papá —contestó la niña.

Creo que esta jovencita estaba un poco confundida sobre ¡cuál se supone que fuera su papel de niña! Probablemente, ¡tenga que contestar algunas preguntas importantes en los años próximos!

Quizás tú también tengas que contestar algunas preguntas sobre tu identidad sexual a partir de este momento hasta que llegues a ser adulto. Si éste es el caso, la manera más fácil de aprender cómo desempeñar el papel que le corresponde a tu sexo, ya sea masculino o femenino, es observando a un adulto a quien tu respetes. Trata de imitarlo. Esto se llama *identificándose* con otra persona. Si la persona es tu mamá o tu maestra u otro miembro de tu propio sexo obsérvala y aprende cómo la misma se conduce. Observa con detenimiento su forma de caminar, su modo de hablar; y verás cómo, poco a poco, te parecerá algo completamente natural el ser igual a tu modelo, aunque cada persona es única. Este aspecto pertenece al tema de la búsqueda de la identidad, y es una parte importante del proceso de crecimiento.

Es pertinente que resumiésemos el contenido de este capítulo, tratando el tema de la identidad. Como quizás hayas notado, todo este libro en *su totalidad* ha sido escrito con el propósito de que te conozcas a ti mismo. . . y comprendas más claramente quién eres y hacia dónde te diriges. Como señalé en el primer capítulo, espero que este libro te sirva como una especie de trampolín para obtener aún más información sobre este tema importante. Después de que llegues a conocerte a ti mismo, tal vez descubras que eres una persona bastante agradable después de todo.

seis

Así fue como me sucedió a mí

El último capítulo de este libro es enteramente distinto de los cinco anteriores. En realidad, tal vez *nunca* hayas leído algo igual a lo que estás a punto de leer. Pero creo que esta sección te resultará muy interesante, y será de mucho provecho para ti.

Tal vez te sorprendas al saber que esta última parte del libro no fue escrita por mí ni por ningún otro autor. El texto que ofrezco a continuación, en realidad, recoge los comentarios grabados de cuatro adolescentes, a quienes pronto conocerás. Como ves, invité a dos muchachos y a dos chicas (de quince y dieciséis años) a mi casa, para que expusieran sus puntos de vista sobre los temas tratados en este libro. Ellos se sentaron cómodamente en nuestra sala de estar, y hablaron sobre sus experiencias, mientras un equipo de técnicos grababa sus comentarios en una cinta. Entonces sacamos copias de la grabación e hicimos algunas correcciones para que la conversación resultase más clara y amena. El resultado es un relato de testigos oculares en el que describen qué se siente cuando uno está creciendo. . . visto desde el punto de vista de cuatro jóvenes que han pasado por dicha experiencia recientemente.

Puede que te tome algunos minutos en lo que acostumbras a leer el nombre de la persona antes de enterarte de lo que ella dice, pero pronto te adaptarás. Es casi igual que leer una obra de teatro, aunque en este caso los protagonistas no están solamente desempeñando un papel. Son adolescentes de carne y hueso, igual que tú, (si es que lo eres; si no, pronto lo serás). Ahora, vamos a conocer a nuestros nuevos amigos.

Dr. Dobson: —Hola, muchachos. Bienvenidos a mi casa. Los he invitado aquí, como ya saben, para participar en una charla informal. . . en la cual compartirán sus ideas y experiencias. He estado diciéndole a los jóvenes lo que van a experimentar al entrar en la adolescencia. He hablado sobre los temores, la angustia y las burlas que, a menudo, acompañan esta época de la vida, pero también he tratado los muchos aspectos emocionantes que conlleva el proceso de crecimiento. Pero, nadie mejor que *ustedes* puede hablar sobre ello. Están más cerca de esa experiencia que yo, y quiero que cada uno de ustedes comparta sus sentimientos con los demás.

Ahora, quiero que mis invitados se presenten, comenzando con la joven que se encuentra a mi izquierda.

Gaylene: —Bueno, me llamo Gaylene y vivo en Arcadia, California.

Dr. Dobson: —¿Qué edad tienes, Gaylene?

Gaylene: —Tengo quince años, pero voy a cumplir dieciséis en junio.

Dr. Dobson: —Tú nos has dicho tu nombre y tu edad, pero *¿quién* eres, Gaylene? Quiero decir, ¿Cómo eres? ¿Qué clase de persona eres? ¿Qué te gusta hacer?

Gaylene: —Me encanta la actuación. Pertenezco a los "Junior Jesters", una organización de arte dramático en la escuela secundaria, donde estudio.

Dr. Dobson: —¿En cuántas obras has participado?

Gaylene: —Montamos dos obras de teatro en lo que va del año, y en este momento, estoy tomando parte en otra.

Dr. Dobson: —Si fueses a escribir una composición sobre el tema, "¿Quién soy yo?" ¿dirías que tus inclinaciones de actriz es lo más importante que debemos saber sobre ti?

Gaylene: —Creo que sí, pero aun esta afición es sólo un aspecto externo de mi persona, porque la verdadera Gaylene está escondida detrás de la misma, en alguna parte.

Dr. Dobson: —Ese es un punto muy interesante. . . volveremos sobre el mismo, dentro de un momento. Darrell, ahora te toca a ti presentarte.

Darrell: —Me llamo Darrell, y curso el tercer año de secundaria en la escuela John Muir, en Pasadena. Acaban de elegirme presidente de la Fraternidad de Jóvenes de mi iglesia, y creo que me va a gustar mucho desempeñar ese puesto. Y tengo dieciséis años.

Dr. Dobson: —Según tengo entendido también perteneces al equipo de debates de tu escuela, ¿verdad?

Darrell: —Sí, y me encanta. Desde pequeño, me gustaba la literatura y la oratoria más que las ciencias y las matemáticas. Creo que esto se debe al ambiente en que me crié.

Dr. Dobson: —Bien. Ahora le toca el turno a la próxima persona en el círculo.

Ceslie: —Mi nombre es Ceslie y asisto a la Escuela Superior de Pasadena. He pensado mucho sobre lo que quiero ser cuando sea mayor, y creo que lo más importante para mí es casarme y formar un hogar.

Dr. Dobson: —Ceslie, algunas personas dicen que es una pérdida de tiempo el que una una mujer se dedique de lleno al hogar y a criar una familia. ¿Qué opinas al respecto?

Ceslie: —No estoy de acuerdo; pero ésa es sólo mi opinión personal. A mí me gusta realizar los quehaceres domésticos como cocinar, etc.

Dr. Dobson: —¿Qué edad tienes?

Ceslie: —Tengo dieciséis para diecisiete.

Dr. Dobson: —"Quince para dieciséis" "Dieciséis para diecisiete"—cada uno ha tratado de añadirle un poquito a su edad actual. (Se escuchan risas.) Pero miren: dentro de quince años más, ¡tratarán de atrasarla todo lo posible, ¡se lo aseguro! (Se escuchan risas.) Bien Page, háblanos un poco sobre ti.

Page: —Bueno, hace cinco años vivo aquí en Pasadena. Me crié en la parte norte de Nueva York y vivimos allí hasta que a mi papá le ofrecieron un empleo aquí. Y tengo dieciséis años.

Dr. Dobson: —¿Y cuáles son tus pasatiempos favoritos?

Page: —Me gustan casi todos los deportes. Eso es lo que más me atrae.

Dr. Dobson: —Sé que Page es un excelente jugador de baloncesto. La verdad es que Page y yo jugamos un partido de baloncesto el martes pasado por la noche, y me quedé boquiabierto con el tiro de enceste que realizó, desde una distancia de veinte pies. Bueno, ya todos se han presentado, dijeron sus nombres y han hablado un poco acerca de lo que les gusta hacer. Me satisface el hecho de que los cuatro conozcan tan bien sus propias mentes. Conozco a muchos jóvenes que no tienen algún pasatiempo que los entusiasme en la vida; no tocan el piano ni participan en debates, ni realizan tareas domésticas en el hogar, ni juegan baloncesto y tampoco toman parte en obras de teatro ni hacen nada de esto. No tienen ningún tipo de proyectos, ni metas ni objectivos en la vida; no tienen ningún incentivo para vivir. Esa es una situación muy triste, y la misma, nos lleva de vuelta al primer tema que quisiera trataran ahora.

"A través de todo este libro, he tratado de describir cómo se manifiestan los sentimientos de inferioridad durante los años de la adolescencia. Me refiero específicamente a cuando un joven cree que no le simpatiza a nadie. . . que es un "perdedor". . . que los demás se están burlando de él a espaldas suyas. . . que es estúpido o feo o pobre. . . que no hace las cosas tan bien como las demás personas. . . que tiene una falta de coordinación y es torpe,. . . que en conjunto su vida entera es un completo y absoluto fracaso. Esos horribles sentimientos de inferioridad e ineptitud están muy generalizados entre la juventud de hoy. También afectan a los adultos. Recientemente, leí un libro escrito por el comediante Woody Allen. En el mismo, Allen señala que lo único que lamenta en la vida es no ser otra persona. El no es el único que piensa así. Muchos adolescentes desearían más que nada en el mundo poder salirse de su pellejo y meterse en el cuerpo de otra persona. Ustedes cuatro que están aquí conmigo esta noche al parecer han podido superar todo ello. Lucen serenos, relajados y seguros de sí mismos. ¿Pero, han experimentado ustedes esos mismos sentimientos de inferioridad de que estoy hablando? ¿Alguna vez se han sentido decepcionados con la persona en que se han convertido? ¿Alguno reconoce los sentimientos que acaba de describir?''

Gaylene: —Claro que sí. Me golpearon duro durante mi primer año de escuela intermedia.

Dr. Dobson: —Cuéntanos cómo transcurrieron esos días difíciles.

Gaylene: —Bueno, después de completar el quinto grado en la escuela, durante el verano, murió mi papá. Su muerte ocurrió en un momento de mi vida en que se estaban operando en mí muchos cambios físicos y emocionales, de manera que no pude enfrentar muy bien lo acontecido. Así que, entré a la escuela intermedia sin saber quién era. No participaba en ninguna de las actividades, y no tenía incentivo alguno. Fue una época muy difícil para mí.

Dr. Dobson: —¿Cómo lograste superar esa situación?

Gaylene: —Mi madre me aconsejó que me saliese de

ese aislamiento, y me instó a que participara en todas las actividades que pudiera. También, esos años, nos interesamos en el Evangelio. Tanto mi mamá como mis hermanos estaban muy desorientados, pero mis abuelos eran personas muy religiosas. Nos fuimos a vivir con ellos, y fue entonces, cuando empecé a tomar parte en el programa de Escuela Dominical de la igleisa. Esto me ayudó mucho.

Dr. Dobson: —Gaylene, tú dijiste que esta difícil experiencia en tu vida ocurrió mientras cursabas el primer año de escuela intermedia. Eso no me sorprende, porque, a menudo, el séptimo y el octavo grado constituyen el período en el que hay mayor inquietud en la vida de una persona. Por alguna razón, los sentimientos de inferioridad, con frecuencia, cobran mayor fuerza durante estos dos años. Conozco a cientos de chicos de trece años que han llegado a la conclusión de que ¡no sirven para nada! ¿Alguien más se ha caído en este mismo "abismo de la inferioridad"?

Darrell: —Yo también, aunque la situación mía era diferente a la de Gaylene. Yo era director del periódico de la escuela cuando estaba en la intermedia, y el puesto me proporcionaba bastante satisfacción y cierta posición de prestigio. Pero los problemas que tuve durante esa época provinieron de la iglesia. Yo era "diferente" de mis amigos, porque me gustaba estudiar; me encantaba la oratoria y materias análogas que más o menos me aislaban de mis compañeros. No participaba en las actividades que se ofrecían para los "estudiantes de intermedia", en la iglesia. Recuerdo, en especial, una jira en la playa que resultó un fracaso para mí. Había esperado con gran ilusión la actividad de ese día, pero al regresar a casa después del pasadía, simplemente abrí la boca, y comencé a llorar largo y tendido. En realidad lo hice. Me sentía tan terriblemente mal porque los chicos se burlaron de mí durante el viaje. No sabía por qué todo el mundo la tomaba conmigo.

Dr. Dobson: —Me interesa conocer la actitud de tus amigos de la iglesia. ¿Acaso no te respetaban por el hecho de que te gustara estudiar?

Darrell: —Ese era, precisamente, el problema. En mi grupo, se suponía que todo el mundo detestara la escuela. Se esperaba que uno dijera: "Oh, las maestras son latosas, la escuela es horrible y cualquiera que se interesa en todo lo que tiene que ver con la escuela es un anormal". Aun ahora, la mayoría de mis amigos están aburridos de la escuela, y se esfuerzan únicamente para obtener calificaciones altas. Razonan de esta manera: "No voy a estudiar esto porque no va a aparecer en el examen". Y esa actitud no está bien. Así que, cuando estaba en la escuela intermedia, me interesaban mucho los estudios y trataba de compartir mis experiencias con los demás, mostrándome sincero al respecto, pero nadie quería hacer lo mismo. Ninguno era sincero como lo era yo, y esto me trajo muchos problemas. A partir de ese momento, decidí que yo tampoco iba a ser franco. Me ha tomado unos dos años para superar estos sentimientos, hasta que, finalmente, he podido comenzar a expresarme con libertad y en forma espontánea en la clase de Escuela Dominical.

Dr. Dobson: —¡Con cuánta exactitud lo has expresado, Darrell! Los jóvenes son objeto de burla. . . de mofa. . . y son ridiculizados por ser sinceros con los demás. Sus sentimientos son heridos profundamente, y llegan a casa y lloran, como lo hiciste tú. Entonces empiezan a "encerrarse en sí mismos". Al día siguiente, tendrán más cuidado. . . se mostrarán más reservados. . . habrá mayor falsedad en sus relaciones de tipo social con las demás personas. Darrell, ¿alguna vez te has preguntado, por qué tus amigos no eran tan sinceros como tú? Lo más probable es que sucediera lo mismo que a ti, sólo que anteriormente. Ya ellos habían aprendido lo peligroso que era ser sincero y espontáneo. Como resultado se creó una sociedad llena de inseguridad y de tensión, donde todos y cada uno de sus miembros sabía que los demás podían burlarse de él y excluirlo por completo del grupo, si cometía un error social. ¡Qué modo tan difícil de vivir!

Darrell: —Las presiones son tremendas. Por ejemplo, se supone que todo el mundo actúe con cierta "indiferencia" ahora. Quiero decir, que se supone que uno no demuestre sus sentimientos, ni revele su verdadero yo. Si lo hace, alguien se burlará de la ternura y dulzura interior que posee esa persona. Bueno, algunos se dan cuenta de que no vale la pena ser tan cautelosos. Hasta he visto cartelones en nuestra escuela que dicen: "Ya no es de listos el actuar con frialdad". Esa es una manera muy rápida de uno hacerse pedazos uno mismo. . . de hacerse más daño a sí mismo que el que otros puedan hacerle a uno.

Dr. Dobson: —Hace varias semanas, una señora me dijo que su hija, que está en séptimo grado, se levanta todas las mañanas a las 5:30 y pasa una hora haciéndose la siguiente pregunta: "¿Cómo voy a pasar el día de hoy sin que cometa algún error que me convierta en el hazmerreír de la gente?" Esto es triste, ¿verdad, Ceslie? Apuesto a que tú has experimentado sentimientos similares, ¿verdad?

Ceslie: —Recuerdo bien la tercera semana de clases, en mi primer año de escuela intermedia; acababa de llegar a esa escuela. Conocía a algunas personas allí, pero no estaba familiarizada con el plantel. En realidad yo era muy pequeña de estatura. Medía como un metro con 45 centímetros, y eso es muy poco. Conocía a una chica en la escuela, a quien le habían puesto el apodo de "Berta, la Grandota". Ella medía como un metro con 72 centímetros. Berta era la niña más cruel de la escuela, y todos corrían cuando ella llegaba. Yo pensaba que eso en realidad era horrible. . . que no debían huir de ella. Pero un día, íbamos subiendo las escaleras, y Berta me dio una patada. No me gustó lo que hizo, y entonces me volteé y le dije algo, y ella me pateó más fuertemente. Así que me fui a casa y no le dije nada a nadie, pero estaba tan enojada que comencé a llorar. Cuando le conté a mis padres lo sucedido, ellos pensaron que era algo muy cruel el que una persona hiciera algo semejante. Así que llamaron al director de la escuela, y le dieron la queja. Me aconsejaron que tratara a Berta igual que a los demás chicos. Me explicaron que ella me estaba pateando porque se sentía muy avergonzada, por el hecho de ser demasiado alta. Me pateaba no porque en realidad fuese tan mala; lo hacía simplemente porque se sentía mal respecto a sí misma.

Dr. Dobson: —Ese fue un consejo muy bueno, Ceslie. Como ves, las personas se comportan de diferentes maneras cuando se sienten inferiores. Darrell mencionó una actitud, que consiste en encerrarse en sí misma la persona y actuar con mucha cautela con los amigos. Otra actitud que se asume es el enojarse mucho y llenarse de odio hacia los demás. Berta hizo esto último. ¿Te imaginas cómo se sentía, primero cuando la llamaban Berta la Grandota, y luego, cuando todo el mundo huía de ella? Esas dos experiencias probablemente serían lo suficiente para que *yo* también quisiese patear a la gente. A Berta la habían herido profundamente, y por eso, ella te hacía daño a ti. ¿Cómo te comportaste con Berta, al día siguiente, en la escuela?

Ceslie: —Bueno, ella tenía su grupito exclusivo de amigas; eran tres que siempre estaban juntas. Cada vez que las veía reunidas en los pasillos, simplemente me sonreía con las tres. Creo que este gesto mío las ponía furiosas conmigo, pero yo seguía sonriendo, y ellas nunca me hicieron nada después de eso.

Dr. Dobson: —¿Llegaste a aceptarte a ti misma con el tiempo?

Ceslie: —Creo que aún me falta un poco.

Dr. Dobson: —¿Todavía estas bregando con eso?

Ceslie: —Sí.

Dr. Dobson: —Probablemente te tomará toda la vida.

Ceslie: —Sí, lo sé.

Dr. Dobson: —Casi todos nosotros estamos ocupados en este mismo proyecto. Page, tú querías decir algo.

Page: —Usted está hablando sobre las personas que son ofendidas por sus amigos. Bueno, cuando yo era más joven, sufrí un accidente y quedé lisiado durante un verano. Tenía que usar estos ridículos zapatos para ir a la escuela. Me había fracturado una pierna y tenía que usar zapatos especiales. No quería usarlos. Solía sacar a escondidas de la casa los zapatos corrientes, y me los ponía antes de llegar a la escuela, para que la gente no se riera de mí. Seguí haciendo esto durante un par de años. La gente solía llamarme "cojo", usted sabe, y en realidad no lo era, pero me sentía herido de que se burlaran de mí. Inclusive en el presente, a veces pienso: "Caramba, cómo me gustaría ser como fulano. Es fantástico como persona; y entonces sí le simpatizaría a todo el mundo, porque sería un atleta muy famoso". Eso es lo que siempre quise ser, una persona que se destacara y no un objeto de burla.

Dr. Dobson: —¿Verdad que es interesante comprobar que todos ustedes han experimentado los *mismos* sentimientos? Ese es precisamente mi punto. Si seleccionamos a mil adolescentes y le formulásemos a cada uno la misma pregunta que te hice a ti, casi todos nos contarían relatos similares a los que acabamos de escuchar, historias que reflejan el temor a ser ridiculizados, a ser diferente a los demás, a ser rechazados por los amigos. Todo el mundo pasa por eso mismo, hoy en día. Ahora díganme ¿por qué tenemos que pasar por estos momentos tan difíciles? ¿Hay alguna forma de evitarlos?

Gaylene: —Traté de resolver mis problemas de la forma equivocada, uniéndome al grupo de la mayoría. Había dos bandos diferentes en mi escuela. Por un lado, estaba el grupo que parrandeaba hasta altas horas de la noche, y entonces llegaba a casa por la madrugada y les mentía a sus padres; y luego, estaba el otro grupo que trataba de ser más responsable. Los miembros de este último, creían que el actuar en forma alocada y desenfrenada no iba a llenar sus vidas. Pero no era fácil para mí escoger cuáles serían mis amigos. Al iniciar el décimo grado, conocí a personas de uno y otro bando y no sabía con exactitud a cuál seguir. Era más numeroso el grupo rebelde que el responsable, y así son las cosas, y yo no quería que se rieran de mí ni que me rechazaran, y tampoco quería que todos pensaran que era un ser de otro planeta. Así que, me detuve allí, en la encrucijada de mi vida, sin saber qué camino debía tomar.

Dr. Dobson: —¿Sentiste una enorme presión que te inducía a hacer las cosas que sabías estaban mal hechas?

Gaylene: —¡Sí! Sólo era una estudiante de segundo año, para esa época, y es entonces cuando uno experimenta mayor presión; es tremenda.

Dr. Dobson: —Y esa presión puede obligarte a adoptar cierto tipo de conducta que tú sabes es perjudicial. Por ejemplo, creo que el abuso de las drogas se debe, mayormente, a la existencia de esa presión grande que Gaylene ha descrito. No es lo que "está de moda" lo que atrae a los chicos; el verdadero problema es que no tienen el valor suficiente para escoger el grupo correcto. ¿Alguno de ustedes tuvo que tomar una decisión similar a la de Gaylene?

Darrell: —Yo tuve que escoger entre seguir o no las "reglas" dictadas por mis compañeros en la escuela. Sabía que si no las obedecía, me excluirían del grupo.

Dr. Dobson: —Darrell, dános un ejemplo de lo que

quieres decir. ¿Cuáles eran las reglas que se esperaba que siguieras?

Darrell: —Bueno, una de ellas era "mostrarse indiferente" hacia todo. Uno no debe demostrar sus sentimientos, porque la gente podría valerse de eso para burlarse de uno. Pero había otras reglas que se aplicaban a casi todos los aspectos.

Dr. Dobson: —¿Y qué me dices respecto a la ropa? ¿Te dictaba el grupo cómo tenías que vestirte?

Darrell: —Sí.

Dr. Dobson: —¿Y cómo debías hablar?

Darrell: —Sí, también.

Dr. Dobson: —¿Y qué jerga emplear?

Darrell: —Cierto. Al cabo de algún tiempo, uno se convence, en cierto modo, de que eso es lo que uno quería en realidad. Quiero decir, que a uno le gusta pensar que no es que se esté conformando, sino que da la casualidad de que a uno le gustan la misma clase de pantalones marca "Levi's", y los estilos de zapatos y suéters que todo el mundo está usando. Pero cuando cambia la moda, uno se da cuenta de que tiene que haber otra fuerza mayor que está influyendo en las actitudes de uno. Esa es la presión del grupo.

Dr. Dobson: —¿Qué pueden decirme respecto a las drogas? ¿Alguien alguna vez le ha ofrecido narcóticos a alguno de ustedes?

Gaylene: —A mí, en la escuela intermedia. Había un tablón de anuncios, y la bibliotecaria colgó en el mismo, un cartelón, que ilustraba los riesgos de usar drogas. Mientras lo estaba viendo, alguien se me acercó y me musitó: "Vale la pena probarlas, ¿no te parece?" ¡Allí mismo me estaban ofreciendo drogas a mí! En esa época (cursaba el séptimo grado), sabía muy poco sobre las medicinas y cosas así, y cuando le conté lo sucedido a mi mamá, ella se horrorizó. Me dijo: "¡Eso jamás se vio en mis tiempos!" Ella siempre está diciendo cosas así.

Dr. Dobson: —¿Crees que es más difícil ser adolescente hoy en día, que en el pasado?

Gaylene: —Creo que sí.

Dr. Dobson: —Siempre han existido las presiones sobre los jóvenes, pero en el presente, el vicio de las drogas y otro tipo de problemas parecen ser peores que nunca. Ceslie, ¿alguna vez te han ofrecido drogas o has estado presente mientras una persona las usa?

Ceslie: —No. Nunca he estado en la compañía del grupo desenfrenado. Siempre me mantuve en el grupo de conducta tranquila y. . .

Page: —Gaylene dijo que su mamá no podía creer que las drogas en realidad estuviesen disponibles en la escuela. Bueno, a mis padres les pasa exactamente lo mismo; les cuesta trabajo creerlo también. Pero como sabe bien, la sociedad en que vivimos, ha cambiado mucho. Tan pronto surge una nueva modalidad, todo el mundo la imita, porque quiere estar de moda. Pero me preocupa lo que ocurrirá cuando seamos mayores y tengamos nuestros propios hijos. ¿Cómo vamos a hacerle frente a una situación semejante, si hemos usado drogas y hecho cosas malas? ¿Qué respuestas podremos darles a nuestros hijos?

Dr. Dobson: —Estas son buenas preguntas, Page,

porque ese día llegará muy pronto. Te encontrarás
a ti mismo en el papel de padre, tratando de evitar
que tus propios hijos cometan los mismos errores
que preocupan a tus padres hoy en día.

Ceslie: —Creo que nuestros problemas se deben en
gran parte, a que no nos comunicamos debidamente con nuestros padres; lo guardamos todo adentro
y nunca hablamos con las personas que podría
ayudarnos. Dialogamos con nuestros amigos, que
tienen los mismos problemas que nosotros, pero
ellos no saben las respuestas, ni qué aconsejarnos.
Por ejemplo, Gaylene fue sincera con su mamá.
Probablemente eso fue lo más acertado. Yo, en
cambio, nunca le habría dicho nada a mis padres,
porque ellos sencillamente, hubiesen estallado,
usted sabe, y se hubiesen puesto furiosos echándole la culpa a los maestros y al director de la escuela. Pero creo que eso es muy importante, me refiero
al hecho de tener la confianza suficiente en los
padres como para hablar francamente con ellos,
sin tener que preocuparse uno en absoluto de cómo
van a reaccionar. De esta manera, pueden orientar
a uno debidamente, y darle las respuestas que le
ayudarán.

Dr. Dobson: —Ya dos del grupo han mencionado el
hecho de dialogar con los padres. ¿Y los demás?
Darrell, ¿has podido sincerarte con tu papá y con
tú mamá?

Darrell: —No he tenido tanta oportunidad de hablar
con ellos, porque nunca he tenido el problema de
las drogas. Pero, estoy de acuerdo en que los adultos pueden ayudarnos a bregar con nuestros problemas si están "a tono con los tiempos". Pero a
veces no están bien informados. Por ejemplo, en

noveno grado, yo tenía una maestra que estaba fuera de onda. Un día, mientras estábamos sentados en el salón de clase, de repente el dulce y nauseabundo olor a marijuana penetró en el salón, desde el corredor. Era tan fuerte que impregnó el lugar, y era imposible pasarlo por alto. Todo el mundo sabía lo que era, excepto la maestra. (Se escuchan risas.) Imagínese, estábamos sentados allí leyendo, y nos mirábamos unos a los otros, haciendo un gran esfuerzo por contener la risa. La maestra, que estaba calificando unas tareas escritas, de repente, levantó la vista y dijo: "Caramba, ¡qué rico aroma! ¿De qué será?" (Se escuchan risas.) Ella no sabía por qué razón nos destornillábamos de la risa. De enterarse, habría puesto el grito en el cielo. ¿Entiende lo que quiero decir? Era el tipo de maestra a quien nunca se le hubiese ocurrido algo así. Pero, de entonces para acá, han mejorado mucho en nuestra escuela. Ofrecen amplios programas sobre la prevención de drogas, pero con todo y con eso, aún no es suficiente.

Dr. Dobson: —En cuanto a dialogar con tus padres respecta, ¿puedes hablar con ellos en términos generales sobre otras cosas que te preocupan? ¿Qué clase de relación existe entre tus padres y tú, Darrell? ¿Puedes comunicarles libremente tus sentimientos a ellos? Regresemos a aquella triste ocasión en que fuiste al pasadía en la playa. (A propósito, a mí me sucedió algo muy parecido.) Cuando llegaste a tu casa, se lo contaste todo a tus padres?

Darrell: —Sí, se lo dije a mi papá. Mis padres fueron criados en un ambiente cristiano de normas muy estrictas, y mi mamá todavía es, bueno, no quiero decir que sea intolerante, pero como mi papá ha tenido más experiencia bregando con las personas, es más comprensivo que ella. Es ministro y aconseja a las personas que tienen problemas. Me dijo que no le prestara demasiada atención a las burlas, y me ayudó a comprenderlo todo. Pero, ¿sabe algo? Descubrí que yo tenía parte de la culpa de que se rieran de mí. Me había puesto esta ropa ridícula, que no daba ganas de reír, pero me hacía parecer como un tonto. (Se escuchan risas.) Hay una diferencia entre las dos cosas. Uno puede hacer que la gente se ría de uno, y eso fue precisamente lo que yo hice. Bueno, me deshice de la ropa al día siguiente, ¿sabe?

Dr. Dobson: —Poco a poco, un individuo va aprendiendo cómo evitar que sus compañeros se burlen de él. Después de ser el "blanco" un par de veces, descubre lo que es "peligroso" y lo que no lo es. ¿Page?

Page: —A veces, me parece que puedo comunicarme mejor con mi padre que con mi mamá. Creo que esto se debe, principalmente, a que él también fue un chico, igual que yo, y comprende algunas de las situaciones a las que me estoy enfrentando. Siempre me aconseja que escoja las amistades que realmente me convienen.

Dr. Dobson: —¿Tuviste que, como los demás, escoger entre dos grupos, y decidir a cuál de los dos ibas a seguir?

Page: —Sí, y ésa es una decisión muy importante. Algunos de mis amigos de la iglesia empezaron a andar con el grupo equivocado, y pronto se apartaron de los caminos de Dios y empezaron a llevar una vida equivocada. Estoy agradecido de que pertenezco al grupo correcto, y que estas cosas no me sucedieron a mí.

Dr. Dobson: —Bueno, Page, tu comentario trae a colación un punto muy importante. Todos nosotros recibimos la influencia de las personas que nos rodean. Aun los adultos, se ven afectados por la presión social. Por esta razón, la decisión más importante que debes tomar es qué clase de amistades vas a tener. Si escoges el grupo equivocado, la influencia del mismo, va a perjudicarte mucho. Eso tenlo por seguro. Son muy pocas las personas que tienen la suficiente confianza en sí mismas para hacerle frente a la crítica de parte de sus amigos más íntimos.

Gaylene: —Quiero que sepan que algunas de las personas más agradables, son aquellas que no gozan de tanta popularidad entre el grupo de "onda". Actualmente, estoy saliendo con un muchacho que está confinado a un sillón de ruedas. El chico es muy agradable, y es maravilloso como persona. Alguna gente me desprecia porque salgo con él. Estas personas alegan lo siguiente: "Bueno, en realidad, no veo por qué tienes que salir con *él*, cuando puedes salir con un chico normal". Creo que eso es injusto.

Page: —¡Opino igual que tú! Pero siento la misma presión cuando decido invitar a una chica a que salga conmigo. Sé que algunos de mis amigos van a pensar que ella no es lo suficientemente bonita para mí, o algo así. Y entonces me deprimo un poco, ¿entiende lo que quiero decir?

Ceslie: —De un tiempo a esta parte, me estoy dando cuenta de lo importante que es el carácter de una persona. Mentalmente siempre razono lo siguiente: "Suponiendo que me casara con ese chico; ¿cómo reaccionará él a los problemas que se nos presente? En ese momento, la apariencia física de ese individuo no va a tener importancia alguna. Además, se va a poner viejo de todas maneras". (Se escuchan risas.)

Dr. Dobson: —Esa posibilidad no es muy halagüeña, ¡aunque creo que no hay nada más cierto! Pero tienes mucha razón, Ceslie. He visto a una chica casarse con el mejor jugador de baloncesto de la escuela porque era un gran atleta. Sin embargo, al cabo de diez años, nadie podía recordar cuánto lo aclamaron las multitudes. Lo único que sabían era que el tipo no podía ganarse la vida ni tomar decisiones y que maltrataba a los hijos, y le gritaba a su esposa. Como bien señalaste, Ceslie, hay que mirar hacia el futuro y tratar de prever cómo será la vida de uno con esa persona determinada.

Darrell: —En la actualidad, estoy en una situación interesante. Hace poco que terminé la escuela intermedia, pero mi hermanita está en la misma, y apenas anoche, estaba bastante preocupada ante la posibilidad de tener que ir a otra escuela el año entrante. Me confió sus inquietudes, y me di cuenta de que le estaba dando los mismos consejos que hemos estado tratando aquí esta noche. Mientras conversaba con ella, decía para mis adentros: "¿Qué es lo que estoy haciendo?" Esto es exactamente lo mismo que ocurrió hace unos tres años. Y ahora yo estoy en el lugar de papá y ella en el mío". (Se escuchan risas.) Como sabe, fue como si las palabras de mi padre rebotaran en la pared y regresaran a mi hermana ahora. Yo podía ver claramente que sus problemas no eran nada grave porque yo los había enfrentado, y seguía diciéndome a mí mismo: "¿Por qué es que no se da cuenta de una vez? Le estoy dando las respuestas más claras del mundo''. Pero en cambio, cuando yo me encontraba en esa misma situación, al principio, no tenía la más mínima idea de lo que mi padre estaba hablando.

Dr. Dobson: —Tiene que experimentarlo uno mismo para que entonces tenga sentido, ¿verdad? Y por esta razón, tal vez esta grabación sea desconcertante para los lectores que están entre los diez y los doce años de edad, que no han pasado por las experiencias que estamos describiendo. Quizás no comprendas muy bien de qué se trata todo esto, pero cuando te suceda a ti, entonces será como si se encendiera una luz en tu cabeza, iluminando tu mente. Recordarás esta cinta y nuestra conversación sobre los sentimientos de insuficiencia e inferioridad. Cuando esto te suceda a ti, recuerda este preciso momento en el que recalqué que tú *sí* vales mucho como ser humano.

Gaylene: —Tuve un complejo de inferioridad, cuando comencé el séptimo grado, ¡por causa de las pecas! Estas se notan, aunque hacía todo lo posible por esconderlas. Mi mamá solía repetirme, usted sabe, no las escondas, son hermosas. E igual que Darrell, me encontré a mí misma diciéndole a otra niñita, exactamente lo mismo que me dijo mi mamá, hace un par de semanas. Ella tiene pecas y en realidad *son* bellas, ¿me entiende? Le decía que la gente se iba a burlar de ella por el hecho de tener pecas, pero aunque así fuera, no debía dejar que eso la perturbara. En realidad, las pecas son una ventaja, porque si le salen granos a uno en la cara, éstos pueden disimularse mejor y no se notarán tanto. (Se escuchan risas.)

Darrell: —En el caso mío, el acné no es un problema

serio, pero hay algunas ocasiones en que se empeora un poco.

Dr. Dobson: —Explica qué es el acné, para beneficio de aquellos que no lo saben.

Darrell: —Bien, es una condición de índole física, por completo. Son totalmente absurdos todos esos cuentos de viejas que hay por ahí, como el que dice que "los granos son todo lo malo que hay en ti que está saliendo", y así por el estilo. (Se escuchan risas.) Es un problema de origen físico por completo, y ocurre porque hay una mayor cantidad de grasa fluyendo a través del sistema.

Dr. Dobson: —Sé un poco más específico, Darrell. Describe la apariencia que tiene.

Darrell: —A uno le salen granos rojos en la cara y alrededor del cuello, a veces. Estas imperfecciones hacen que uno se sienta bien feo cuando las personas que uno ve por la televisión como Donny y Marie, lucen una piel completamente perfecta. Ni siquiera puede detectarse una manchita de polvo en el lente de la cámara, ¿lo ve? Y cuando hay un brote de acné, ello puede resultar desastroso y, en realidad, puede deprimir mucho a uno. Y aunque te digas a ti mismo "Tengo bien claro cuál es mi escala de valores, y sé bien que la belleza no es lo más importante en la vida", aún afecta la confianza en tí mismo.

Dr. Dobson: —Uno se vuelve susceptible, ¿verdad?

Darrell: —Escuché esto en un programa de tele. "¿Cuál es el problema más serio, al cual los adolescentes tienen que enfrentarse?" El tipo sólo estaba bromeando y contestó: "Acné" debido al juego de palabras que existe entre el termino "acné" y la palabra que designa el hecho de enfrentarse a algo. Entonces el moderador contestó: ¡"Correcto"! y el público se rio a carcajadas. Pero en realidad, la presencia de los granos afecta la confianza en uno mismo. Uno tiene que salir y enfrentarse al mundo diciendo: "Bueno, amigos, aquí estoy con estos bultos rojos en la cara". Y la verdad es que uno puede sufrir mucho. Es fácil decirse a uno mismo: "Está bien, la belleza física no es lo más importante". Pero no es tan fácil convencerse uno mismo de esto, cuando se tiene la cara cubierta de imperfecciones.

Dr. Dobson: —Observé un estudio realizado entre cientos de adolescentes, a quienes se les preguntó qué era lo que más les disgustaba de sí mismos, y los problemas en la piel fue la respuesta que encabezaba la lista. Esa es una de las razones por la cual me opongo por completo a las muñecas "Barbie". Me imagino que todas las niñas juegan con muñecas "Barbies" cuando pequeñas, y la mayoría de las personas no se detienen a pensar en dicho juguete. Pero lo que me molesta de "Barbie" es el hecho de que es perfecta físicamente; no tiene granos en la cara. Su piel es tersa y suave; su cabello tiene "cuerpo" (sea lo que fuere que eso signifique); no hay ni una onza de grasa en ninguna parte de su cuerpo. En realidad, el único defecto en el cuerpo rosado de "Barbie" es una frase escrita en su trasero que lee: ¡"Hecha en Hong Kong"! (Se escuchan risas.) Y como ves, estas muñecas inculcan en una niñita, una imagen de lo que se supone que ella sea cuando se convierta en una adolescente. ¡Vaya engaño! ¡Qué lejos está de la realidad!

Ceslie: —Parece que a uno siempre le salen granos, precisamente en la víspera de un acontecimiento muy especial en la escuela. Nunca falla. Uno luce fantásticamente bien, dos semanas antes, y no hay ni una sola marca en la cara, pero entonces, el día importante, ataca el sarampión.

Dr. Dobson: —Tal parece como si hubiese un duendecillo en algún lugar, que te visita por la noche y los siembra en tu cara.

Page: —Lo que queremos decir es que las personas sólo tienen que aprender a aceptarse a sí mismas tal como son. Eso es algo muy difícil de hacer, y lo ha sido para mí. La gente se va a burlar de ti y eso te va a doler mucho, y a veces desearás, como señalé anteriormente, "ser como fulano, que es perfecto y todas las chicas lo adoran". Y te preguntarás: ¿"Por qué no puedo ser así? No le simpatizo a nadie". Creo que éste es el problema más grave que tienen que superar los chicos de escuela intermedia, la aceptación de sus propios cuerpos.

Ceslie: —Una vez mi mamá me dijo que la belleza es algo que crece dentro de uno, y que algunas personas que son bonitas por fuera, no dedican tiempo a cultivarse como persona. Más adelante, aquellas que eran menos atractivas físicamente, inclusive, pueden llegar a ser más felices que las primeras, porque su belleza interior va en aumento a medida que van madurando.

Dr. Dobson: —Quisiera que todo el mundo supiera eso, Ceslie. Observé otro estudio, cuyo objetivo era comprobar lo que acabas de decir. Los encargados de la investigación clasificaron a todas las chicas del colegio; las más bellas en un grupo, y las menos atractivas en otro. Entonces las estudiaron durante 25 años, para ver qué sucedía en su vida futura. Lo creas o no, las que eran menos atracti-

vas tendieron a formar matrimonios más felices al
cabo de 25 años. Así que, en realidad, es un error el
que todo el mundo piense que tiene que ser perfecto físicamente.

"Para resumir, quiero decir que *todo el mundo*
tiene algo que le desagrada de su persona. A Page
no le gustaban sus zapatos. Se sentía mal, por el
hecho de tener que usar esos zapatos especiales. A
Gaylene le molestaban sus pecas. Ceslie se sentía
incómoda, porque era demasiado bajita de estatura. A Darrell le molestaba el hecho de ser aplicado
a los estudios en vez de ser amante de los deportes.
Si las personas fuesen honradas, admitirían sentirse avergonzadas sobre algún defecto, que se convierte en ¡una carga que llevarán durante el resto
de su vida! ¡Pero no hay por qué preocuparse!
Todos valemos mucho como seres humanos, no
importa cuál sea nuestra apariencia física. Y eso es
lo hermoso sobre el cristianismo. Jesús me ama, no
porque sea muy inteligente o guapo; ¡me ama
simplemente por que *soy* un ser humano! ¡Qué
mensaje de consuelo! No tengo que hacer nada
para ganarme su amor. Está disponible para todo
el mundo; es un regalo gratuito. Ese es un gran
mensaje de esperanza para la persona que ha sido
herida por los sentimientos de inferioridad".

—Hubo un receso en este punto—

Dr. Dobson: —Se ha unido al grupo un nuevo
miembro, y quiero que ustedes lo conozcan ahora.
Greg, háblanos un poquito acerca de ti mismo.

Greg: —Me llamo Greg Nourse, y trabajo para "One
Way Library", una compañía cristiana que fabrica
cassettes. Vine aquí, esta noche, para ayudar en la
grabación, pero pensé que sería bueno si me unía al

grupo para tratar el tema de las drogas, desde el punto de vista de uno que ha abusado de ellas. He estado en el ambiente de las drogas, así que pensé que mis impresiones al respecto podrían servir de alguna ayuda.

Dr. Dobson: —Estoy de acuerdo, Greg. Podemos aprender de tu experiencia. Como punto de partida, cuéntanos cómo es que las personas comienzan a usar drogas, en primer lugar.

Greg: —Esa es una pregunta muy corriente. Bien, yo empecé a usar drogas porque era muy curioso y estaba aburrido, y porque era una manera muy fácil de uno divertirse. Pero cuando uno comienza a tomar drogas, entonces, ya no es divertido sentirse normal. Sé lo que es ese sentimiento porque yo me "cargaba" todos los días.

Dr. Dobson: —¿Qué clase de drogas usabas?

Greg: —Comencé con marijuana.

Dr. Dobson: —¿Te llevó eso a usar otros narcóticos?

Greg: —No, en realidad. Por lo menos, no había una "adicción", que me obligara a usar algo más fuerte. Sin embargo, cuando se empieza con la mariguana, uno está en contacto con las drogas, y con las personas que las usan. Eso fue lo que me condujo a meterme más hondo.

Dr. Dobson: —¿Cuándo empezaste a probar con las píldoras?

Greg: —Bueno, empecé a "cargarme" (ingerir grandes cantidades) cuando estaba en la escuela primaria. Creo que empecé con los barbitúricos y entonces seguí con la cocaína, y probé casi todo tipo de sustancias sicodélicas.

Dr. Dobson: —Bien, Greg. Retrocedamos un poco hasta la primera experiencia que tuviste. ¿Recuerdas lo que sucedió?

Greg: —La hermana mayor de mi amigo era una gran "portadora", y ella nos ponía a enrollar "lids", y así que nosotros sólo—

Dr. Dobson: —Espera un momentito. Antes de que continúes, creo que debes explicar el significado de los términos que estás empleando.

Greg: —Lo siento. Un "lid" es cierta cantidad de marijuana, y se consigue en un "baggie" (bolsita) y entonces, hay que enrollarla y hacer cigarrillos. El cigarrillo se llama "joint". Bueno, esta chica solía hacer que nos sentáramos allí y le enrolláramos sus "lids". Nos tomaba varias horas, en lo que terminábamos este trabajito. A veces traía a casa un "brick" que era una cantidad mayor que la de un "lid". Un día, estábamos enrollando cigarrillos, y decidimos probar uno. Robamos un par de cigarrillos, y ésa fue la primera vez que me "cargué".

Dr. Dobson: —¿Fue idea tuya o de alguno de los que estaban contigo para que probaran uno?

Greg: —La idea fue mía.

Dr. Dobson: —Tu fuiste el que presionó a los otros chicos, ¿verdad?

Greg: —Sí.

Dr. Dobson: —¿Y enseguida empezaste a usar otras sustancias?

Greg: —Sí. Eso sucedió mientras estaba en la secundaria.

Dr. Dobson: —Cuéntanos cómo te sentiste, después

de haber tomado una droga, y entonces comenzó a pasarte el efecto de la misma.

Greg: —El "descenso" es horrible, especialmente, cuando uno ha tomado anfetaminas. Siempre me ponía muy enfermo. Déjeme decirle que ponerse uno "strung out" (sufrir los efectos físicos y mentales de la adicción a una droga) con una droga es algo espantoso, porque uno se levanta por la mañana y sabe que tiene que usar esa droga antes de que termine el día o de lo contrario se enfermará. Si uno la consigue, logra pasar el día, pero entonces la rutina empieza otra vez, a la mañana siguiente.

Dr. Dobson: —¿Qué sucede si uno no tiene el dinero para comprar la droga que necesita?

Greg: —Bueno, eso depende de la droga a la que uno esté adicto. Si son las anfetaminas, o la heroína, uno se pone muy enfermo. Con la heroína, se experimentan unos "síntomas de abstinencia", que son horribles. Las anfetaminas son más peligrosas aún, porque destruyen las células del cerebro, trastornan la circulación, hacen que el pelo se caiga, y cambian por completo el carácter del individuo. La persona se vuelve melancólica y sentimental; llora de cualquier cosa, porque se vuelve en extremo muy deprimida, especialmente, cuando está en el "descenso". Lo mismo ocurre con la LSD. El individuo se queda completamente agotado, al día siguiente después de haber tomado la droga, y la cabeza se le queda algo entumecida. Mientras más LSD usa el individuo, más se deteriora la persona. Se vuelve más retraído y menos útil. El cuerpo humano simplemente no fue hecho para esas sustancias químicas.

Dr. Dobson: —Oímos decir a la gente que las drogas

sicodélicas aumentan la capacidad creativa del individuo y que éste llega a conocerse mejor a sí mismo. ¿Estás de acuerdo con esta posición?

Greg: —Claro que no. Cuando se está bajo los efectos de estas drogas, uno ve cosas que ni siquiera puede recordar después. La experiencia parece maravillosa en ese momento, pero no hay beneficios después de que uno "baja".

Dr. Dobson: —Al principio del libro, describí una situación en la que un joven se encontraba en un auto, en compañía de cuatro amigos suyos. Estos empiezan a pasarse un frasco que contiene barbitúricos. Cuando el chico en cuestión rechaza las píldoras, todos le dicen: "Vamos, gallina, ¿eres un bebé todavía? ¿Tienes miedo? Todo el mundo lo hace. ¿Qué te pasa a ti?" ¿Qué hará él en una situación semejante? ¿Qué le aconsejas tú a un joven que algún día tal vez se encuentre en una situación similar? Ya el chico se siente inferior; no le gustan las pecas que tiene en la cara o los zapatos que usa o alguna otra cosa sobre su persona. ¿Cómo procederá él, llegado el momento?

Greg: —Reconozco que el chico del ejemplo está en una situación muy difícil, especialmente si está en compañía de personas a quienes él respeta y cuya amistad quiere ganarse. Pero tiene que tomar una decisión en ese momento dado; la misma, será una de las más importantes que ha de encarar en toda su vida. Una vez empiece a usar drogas, después de acceder la primera vez, entonces le aguardan muchos años de problemas. Así que, mi consejo es que se mantenga firme en su decisión y no ceda. También debe empezar a buscarse nuevos amigos, porque los que ahora tiene, probablemente se seguirán cargando cada vez más, y con más frecuencia. No puede quedarse en el grupo, porque si lo hace, tarde o temprano también él caerá en el vicio.

Dr. Dobson: —Greg, quisiera que expresaras tu opinión sobre el papel que juega la inferioridad en el abuso de las drogas, tema que estábamos discutiendo anteriormente. Como sabes, creo que el individuo que se siente inferior, aquel que le desagrada su persona, a veces usa drogas para escapar de sí mismo. Es decir, si toma una píldora, entonces puede huir de sí mismo durante unos pocos minutos o una hora o dos. ¿Estás de acuerdo con este punto de vista? ¿Crees que los sentimientos de inferioridad estaban presentes en tu propia experiencia?

Greg: —Sin duda. La inferioridad jugó el papel más significativo en mi caso, en particular. La gente siempre va a decir que usa drogas por otras razones, y no para escapar, pero ése es el verdadero motivo, en realidad. Las drogas son un medio rápido de escapar de esos horribles sentimentos de insuficiencia. Sin embargo, estos sentimientos aún están allí, esperando que uno regrese.

Dr. Dobson: —¿Cuándo empezaron a disiparse en tu mente, las dudas que albergabas sobre ti mismo?

Greg: —Lo crea o no, las mismas, aumentaron cuando me gradué de la secundaria. Como ve, la mayoría de la gente lucha por alcanzar cierta popularidad durante la época escolar, y yo hice lo mismo. Pero después del cuarto año, el tiro sale por la culata. Ya no hay personas entre las cuales se pueda tener popularidad. Es entonces, cuando los sentimientos de inferioridad pueden volverse intolerables.

Dr. Dobson: —Bueno, Greg, ¿cómo fue que pudiste rehacer nuevamente tu vida? Es evidente que era un desastre total, y en cambio, estás sentado aquí esta noche, "vestido y en tu sano juicio".

Greg: —Jesucristo vino a mi vida; y ésa es la diferencia.

Dr. Dobson: —Cuéntanos cómo conociste al Señor.

Greg: —Bueno, yo no estaba buscando a Dios; creía que no estaba buscando nada, pero mis amigos me hablaban del Señor. Finalmente, no fue ninguna palabra de ellos, sino más bien, una especie de revelación divina; me di cuenta de que lo necesitaba. Le pedí, con la poquita fe que tenía, que tomara mi vida, y así fue, y supe de inmediato que El lo había hecho así.

Dr. Dobson: —Cuando viniste a Jesús, ¿te libraste del problema de las drogas de una vez y para siempre?

Greg: —Oh sí, cuando una persona viene al Señor, se siente limpia por dentro, y como una persona nueva. Jesús dijo: "Mi paz os dejo, mi paz os doy, yo no os la doy como el mundo la da. No se turbe vuestro corazón ni tenga miedo".

Dr. Dobson: —Greg, te agradezco mucho que hayas compartido tus experiencias con nosotros y nos dieras tu testimonio personal. Estoy seguro de que el mismo, será de gran ayuda para muchos jóvenes.

Greg: —Gracias por darme la oportunidad de contar mi historia. Ahora voy a volver a mi trabajo de grabación.

Dr. Dobson: —Quisiera que los cuatro tratásemos otro aspecto sumamente importante, relacionado con la adolescencia. Me refiero a los cambios físicos que ocurren durante los tempranos años de la adolescencia. No es poco común que los chicos se asusten por lo que le está ocurriendo a su cuerpo. ¿Alguno de ustedes experimentó esos temores, durante la temprana adolescencia?

Gaylene: —Yo. Mi cuerpo empezó a cambiar desde muy temprano, cuando estaba en el cuarto y quinto grado. Esto me asustó mucho, porque mi mamá no me había advertido lo que debía esperar que ocurriese.

Dr. Dobson: —¿Tu mamá no te había preparado para estos cambios?

Gaylene: —No, porque ella pensó que ocurrirían más tarde, en el sexto o séptimo grado. Cuando sucedió temprano, yo ignoraba por completo qué era lo que estaba ocurriendo. ¡Y apreté el botón del pánico!

Dr. Dobson: —¿Qué clase de temores tenías, Gaylene? ¿Creías que eras anormal en algo, o que tenías una enfermedad incurable?

Gaylene: —Pensé que iba a morirme. En realidad lo creía firmemente. Estaba en la escuela, y corrí a la oficina de la enfermera, llorando. Estaba muy asustada. Y ella no sabía lo que me pasaba, porque yo estaba demasiado histérica y no podía explicárselo.

Dr. Dobson: —Tu franqueza es muy útil, Gaylene, porque servirá de estímulo a los que están leyendo, para que no tengan miedo cuando los cambios físicos empiecen a ocurrir. Es conveniente que sepan que el proceso de desarrollo está controlado por la glándula pituitaria localizada en el cerebro. En un momento determinado, a una edad señalada de antemano, la pituitaria envía mensajeros químicos, llamados hormonas, que son los responsables de estos cambios repentinos, que pueden ser tan alarmantes.

Gaylene: —Bueno, sabe, cuando usted dijo que no debíamos tener miedo, pensé: es fácil decirlo, pero ¿cómo puede uno evitar asustarse? Por ejemplo, cuando descubrí que era alérgica a la picada de las abejas, mi mamá me dijo: "No les tengas miedo". Pero sencillamente, no puedo evitarlo. Cuando se me acercan, echo a correr y huyo de ellas. Les tengo pánico. El consejo de mi mamá de que no me preocupara, no me ayudó en nada a vencer el miedo.

Dr. Dobson: —Sin embargo, hay una diferencia, Gaylene. En realidad *tú sí* tienes motivos por qué temerle a las abejas; eres alérgica a su picada. No obstante, lo que trato de comunicarle a aquellos que son pre-adolescentes es que *no tienen* nada por qué temerle a los cambios físicos que están ocurriendo. Es un proceso natural, que le sucede a todas las personas saludables. ¿Darrell?

Darrell: —En la escuela intermedia, yo era muy pequeño de estatura. Supongo que la mayoría de los muchachos son más bajitos que las chicas, en la escuela intermedia, de todas formas.

Dr. Dobson: —Así es.

Darrell: —Estoy empezando a alcanzar a los demás chicos ahora, pero hubo una época en que me sentía mal, porque los cambios físicos de la adolescencia coincidieron con su curso especial de educación física que tomamos en la escuela intermedia. En otras palabras, en la época en que uno sentía más vergüenza de su cuerpo, tenía que obligatoriamente, tomar duchas y despojarse de la ropa frente a todo el mundo en el camerino.

Dr. Dobson: —¡Sin duda!

Darrell: —Sé que me preocupaba más asistir a la clase de educación física que a cualquier otra clase, aunque la misma, era la más fácil del día. Me gustaba jugar baloncesto y practicar otros deportes, pero sentía vergüenza de mi cuerpo, y no quería que otros lo vieran. Todo el mundo se sentía igual. Es por eso, que el curso de educación física creaba muchos problemas.

Dr. Dobson: —Darrell, has demostrado que posees una gran comprensión, según te has expresado. Las clases de educación física *sí* crean muchas preocupaciones entre los estudiantes de escuela intermedia. Aquellos que no se han desarrollado aún, se avergüenzan mucho de la apariencia infantil de su cuerpo, especialmente, cuando notan que los demás parecen más adultos. Esto causa *una gran* inquietud, especialmente, en el chico que es objeto de burla por parte de sus amigos. Algunos alumnos míos me han expresado lo siguiente: "Expúlsenme de la escuela, háganme reprobar los cursos, envíenme a Siberia, métanme a la cárcel, hagan conmigo *lo que quieran,* pero ¡nunca más voy a tomar una ducha al finalizar la clase de educación física!" Y comprendo perfectamente sus sentimientos.

Gaylene: —Cuando me dijeron que tendría que cambiarme de ropa para tomar la clase de educación física, y luego tomar una ducha, me puse muy tensa y preocupada. Ni siquiera quería ir a la escuela ese día. Me valí de todos los trucos que sabía para engañar a mi mamá. Desde la noche anterior fingí que estaba enferma. Lo intenté todo. Pero ella me obligó a ir a la escuela de todas maneras. Todas las chicas se sentían igual que yo, y era gracioso, porque las toallas que nos dieron, no eran lo suficientemente grandes para cubrirnos. (Se escuchan risas.) En realidad, se suponía que nos secáramos con las toallas, pero todas se cubrieron el cuerpo con ella y entonces trataban de vestirse y desvestirse con la toalla puesta. Ninguna quería que las demás nos vieran el cuerpo, y ¡oh, fue terrible!

Dr. Dobson: —Y todo el mundo estaba pasando por lo mismo.

Gaylene: —¡Todo el mundo se sentía cohibido y tenía vergüenza! (Se escuchan risas.)

Dr. Dobson: —¿Alguno otro ha experimentado la misma clase de sentimientos y temores?

Ceslie: —¡Yo solía vestirme en las duchas! (Se escuchan risas.)

Dr. Dobson: —Como ven, todos ustedes están en el mismo barco. Page, ¿tuviste el mismo problema?

Page: —Sí, también me pasó a mí.

Dr. Dobson: —Estas experiencias son más dolorosas, por su puesto, para aquellos que tienen esos antiguos sentimientos de inferioridad. Ese mismo problema parece surgir en todas partes.

Page: Otra cosa que hace que los chicos se sientan incómodos, es el hecho de que no sean muy fuertes, físicamente. Un montón de chicos son el "Sr. Musculatura", usted sabe, y si uno es flaco, se ríen de él y le hacen burla. No soy el chico más forzudo del mundo, usted sabe, así que siempre me esforzaba por lograrlo; quería desarrollar mis músculos, para poder ser igual a los del grupo. Creo que es por eso que me sentía inferior.

Dr. Dobson: —Y como ves, antes de que ocurra la pubertad, antes de que tu cuerpo empiece a desarrollarse, tus músculos son iguales a los de un niño. Se vuelven más fuertes y se parecen más a los de un hombre adulto, poco después de que ocurre el brote de crecimiento. Por lo tanto, el muchacho que se desarrolla tardíamente, tiende a ser más débil. Eso, lo coloca en una posición difícil, porque sus amigos están jugando fútbol y realizando actividades que requiere fuerza física. Esta, es muy importante para los que están en escuela intermedia, y aquellos que aún no se han desarrollado, se sienten impotentes por algún tiempo. Eso puede crear en ellos los sentimientos que Page acaba de describir.

Gaylene: —Hay algo más que me perturba. Los chicos y las chicas tienen clase de educación física separadas, por supuesto, pero a veces, estamos todos juntos en las mismas canchas al mismo tiempo. Entonces uno está asustada en realidad, porque los muchachos están al otro lado, vestidos con el uniforme de educación física y nosotras igualmente acá. Puede que estemos jugando baloncesto, y ellos vóleibol. ¡Y la tensión es terrible! Uno está esforzándose por jugar lo mejor que puede, pero no soy muy buena jugadora de baloncesto— soy bajita, a veces hasta me siento que estoy como paralizada (Se escuchan risas.) —y por nada del mundo uno quiere que se rían de uno. Todas las chicas están tratando de impresionar a los chicos y los muchachos de hacer lo mismo. Es una situación de una gran tensión.

Darrell: —Cuando los chicos y las muchachas están en la misma cancha de tenis, o algo así, los guapetones (los tipos que quieren lucirse) se aprovechan de momentos como esos. Cuando yo estaba en escuela intermedia, ellos se iban sigilosamente por detrás de un chico, y simplemente le daban un tirón a sus pantalones, así — (demuestra esto, dando un halón hacia abajo). (Se escuchan risas.) Por supuesto, el pobre chico se los agarraba, y se los subía de nuevo. Pero en realidad, yo vivía con un miedo terrible de que me hicieran eso a mí. Nunca habría asomado la cara otra vez por ninguna parte, de sucederme eso alguna vez, así que me pasaba la mitad del tiempo jugando tenis, y la otra mitad vigilando por detrás del hombro. Como resultado de esto, ¡no soy muy buen jugador de tenis! Hay que tener cuidado; evitar colocarse uno mismo en una posición de vulnerabilidad. No es mucho lo que puedes hacer para evitar que te humillen, pero puede ayudar un poco.

Page: —Cuando un chico está en compañía de una muchacha, éste, es un momento propicio para que algunos tipos se venguen de él, ya sea hablando mal de él o de su familia. En realidad esto puede herir mucho a uno.

Dr. Dobson: —A mi entender, lo que estás diciendo es que uno es más cauteloso cuando está en compañía de miembros del sexo opuesto. Cuando las chicas están alrededor de los chicos y viceversa, es cuando uno es más vulnerable. Y eso es comprensible. He invitado al Sr. John Style que se una al grupo. El también es un técnico, que está aquí para operar el equipo de grabación. Sin embargo, esta conversación que sostenemos es tan amena, que los técnicos quieren unirse y contribuir con sus opiniones. ¿Y por qué no? John, bienvenido al grupo.

John: —Gracias.

Dr. Dobson: —Tú has estado a diez pies de distancia durante la pasada hora, y sé que tienes algunas ideas que quieres compartir con nosotros, sobre el tema de la inferioridad.

John: —Sólo quería decir que muchos se vuelven extremadamente susceptibles sobre su apariencia física, usted sabe, como "soy muy gordo" o "soy demasiado flaco". Yo tenía el mismo problema, porque nunca pensé que era muy guapo que digamos. Entonces veía a los chicos que eran muy bien parecidos, y quería ser como ellos. Por ejemplo, siempre quise tener el pelo negro, y nunca estaba satisfecho con mi apariencia. Desde entonces, he aprendido que Dios hizo a cada persona como es, por alguna razón, y El no comete errores. Son pocas las personas que conozco, que comprenden ese principio, y no dejan que sus defectos las perturben. Por ejemplo, conozco a una chica que tiene que usar abrazaderas en las piernas para caminar. Padece algún tipo de enfermedad que le impide caminar bien, no sé cómo se llama, pero tiene las piernas muy delgadas y no puede caminar con ellas. No obstante, esa chica es una de las personas más bellas que conozco. Es un reflejo de la gloria de Dios, porque *ella* sabe que se supone que sea así. Como consecuencia, le da ánimo a las personas y las hace sentirse felices. Eso hace que ella, a su vez, se sienta feliz. En realidad es algo maravilloso. Pero las personas, a menudo, se preocupan tanto por su apariencia física que no pueden comprender que Dios puede usarlas tal como son. Dios tiene un propósito para cada uno de nosotros, y nuestro deber es descubrir cuál es su voluntad, y entonces cumplirla.

Dr. Dobson: —Esa es la clave de la confianza en uno mismo, John. Sin embargo, los pequeños defectos de un individuo pueden hacer que se aisle en un rincón, se quede sentado con la boca cerrada, y nunca use el talento que Dios le ha dado.

John: —Sin duda, eso puede suceder. Es gracioso. Nunca pensé que yo fuese algo especial, que tuviese cualidades de líder. Pero en la secundaria me perfilé así. Usted sabe, alguien me pidió mi colaboración, y acepté. Así que, me convertí en el director del periódico de la escuela secundaria y participé en muchas otras actividades. Pero era necesario que estuviese dispuesto a dar ese primer paso.

Dr. Dobson: —Y a medida que fue aumentando la confianza en ti mismo, se desarrollaron tus destrezas. Quisiera que todos nuestros lectores comprendan este principio. Tal vez pienses que no tienes ninguna habilidad o destreza, pero tu verdadero problema es que no tienes confianza en ti mismo. Déjame hablarte sobre el punto débil en mi vida. Cuando estaba en la secundaria, me pidieron que compartiera mi testimonio cristiano en un campamento. Yo sólo tenía intenciones de hablar durante cinco minutos, así que me aprendí de memoria un breve y frío discurso. Pero el joven que habló antes que yo, se echó unos treinta minutos, sin parar. Sus palabras eran perfectas, y mientras más hablaba, más asustado me ponía yo. Sabía que no tenía tanto que decir como aquella persona. Cuando finalmente salí al escenario, y me paré frente al público, y miré a todas esas personas de la misma edad mía, mi mente se quedó en blanco. Me quedé parado allí, completamente paralizado, sin saber qué decir. Todos esos estudiantes permanecieron sentados en un silencio glacial, y se quedaron mirando fijamente a mi cara que estaba colorada. Ese fue uno de los momentos más aterradores y desalentadores en todo mi vida, mientras buscaba algo que decir. Hoy en día, dicto conferencias por todo el país, y recibo miles de invitaciones, que por falta de tiempo, no puedo aceptar. La diferencia entre aquel primer desastre y el éxito de hoy se debe a la *confianza.*

John: —Esa primera experiencia probablemente hizo que usted quisiera esforzarse aún más por tener éxito, ¿verdad?

Dr. Dobson: —Así es, pero me tomó cinco años sobreponerme a ella. No puedo describir lo doloroso que fue ese fracaso, en esa época, pero como tú dijiste, John, el Señor usó para bien ese terrible momento. Me infundió un deseo grande de aprender a desenvolverme en situaciones como aquella de tener que hablar en público.

Gaylene: —Hablando de la confianza, lo mismo me pasaba en el arte dramático. Yo no creía que tuviese talento para actuar. Pensaba que tenía que ser alguna estrella famosa de la televisión. Me matriculé en un curso de drama, y todos los días la maestra me instaba a mí y a otras dos chicas, para que nos parásemos en el escenario y actuáramos. Pero yo no tenía ninguna confianza en mí misma, y sólo seguía rehuyendo, y siendo muy tímida. Finalmente, decidí intentarlo. Fue muy duro al principio, pero poco a poco, empecé a creer en mí misma. Ahora es fácil para mí.

John: —Todo el mundo en el fondo es básicamente igual. En mi trabajo conozco personas que son destacadas e importantes, pero sólo son personas comunes y corrientes igual que usted y yo.

Dr. Dobson: —Está bien, supongamos que careces de confianza en ti mismo. ¿Cómo empiezas a desarrollarla? ¿Tienen algunas sugerencias?

John: —Todo el mundo, sin importar quién sea, puede hacer cavar el hueco más grande en tu patio trasero que cualquier otra persona. (No te estoy sugiriendo que hagas algo negativo o destructivo.) Pero todo el mundo tiene algunas habilidades que no se han desarrollado y debes descubrirlas y cultivarlas. Mi hermana creía que podía dibujar bastante bien, así que comenzó a practicar una y otra vez, y ahora es toda una artista, ¿sabes una cosa? No creo que ella haya nacido siendo una artista, pero desarrolló su destreza. A mi otra hermana, le encanta la gimnasia. No es tan experta como esa pequeña chica rusa—

Dr. Dobson: —¿Olga?

John: —Sí, Olga Korbut, esa misma.

Dr. Dobson: —El principio que tú estás exponiendo aquí es uno realmente válido para mí, y traté de describirlo anteriormente. Si te sientes inferior e inepto, y crees que no tienes nada que ofrecer, empieza a buscar tus habilidades y destrezas escondidas. Trata de descubrir tus puntos fuertes y los pasatiempos que puedes cultivar, y entonces pon todo tu empeño en ellos. Pronto empezarás a sentirte más satisfecho de ti mismo.

Page: —Bueno, ¿y si intentas algo que en realidad es nuevo, y entonces fracasas en tu empeño? Eso hace que la gente te humille. ¿No estarás peor que antes?

John: —No necesariamente, porque, en realidad, no importa mucho lo que los demás piensen. El hecho de que tuvieras el valor suficiente para intentar algo que no entendías, habla por sí solo, y demuestra la clase de persona que eres.

Page: —Ah, sí, pero a veces los padres alientan a uno a que emprenda algo nuevo, y entonces uno fracasa, ¿usted sabe? Entonces uno se siente deprimido y desalentado. No deben obligar a uno a hacer algo que según uno, no es lo que conviene.

Dr. Dobson: —Tienes razón, Page, pero míralo desde este punto de vista. Un niñito que está empezando a dar los primeros pasos tiene que caerse, antes de que pueda aprender a caminar, ¿verdad? Nunca podría aprender a caminar si no estuviese dispuesto a caerse al principio. Igual nos sucede a nosotros; el miedo a caernos puede impedir que emprendamos algo nuevo. Puede obligarnos a que nos mantengamos reprimidos, por temor a correr unos pocos de esos riesgos. Con un poco de confianza, puedes lograr algo que hará que te sientas orgulloso de ti mismo. Eso es lo que tus padres esperan. Ceslie, quiero escuchar cuál es tu opinión.

Ceslie: —Algo que me cuesta mucho trabajo hacer, es, pararme frente a un grupo de personas, y cantar o hablar o hacer cualquier otra cosa. Hace un año, pasé la pruebas que se ofrecían para las personas que querían formar parte del equipo de ejercicios de mi escuela. (El equipo de ejercicio toma parte en los partidos de fútbol y en otras actividades de la escuela.) Esto es la gran cosa, y todo el mundo se someten a las pruebas, pero muchos no logran pasarlas. Hay que ser bueno para que escojan a uno. La primera vez que me probaron, estaba tan asustada, que creía que iba a echar todo a perder. Pero si uno practica algo con la frecuencia suficiente, y se ha esforzado mucho por aprenderlo, entonces se hace más fácil, como señaló Gaylene. Eso fue lo que me pasó a mí; fui seleccionada para formar parte del equipo de ejercicios. Anoche fue mi última participación en el equipo de ejercicios, y ni siquiera estaba asustada de ir al campo de juego. Sin embargo, un año atrás, pensaba que iba a desmayarme antes de que concluyese nuestra participación. Fue solamente la práctica lo que me ayudó a salir adelante.

Dr. Dobson: —Esto aumentó la confianza en ti misma, ¿no es así?

Ceslie: —Así es.

Dr. Dobson: —¿Esta experiencia te facilitará un poco más el que intentes algo nuevo la próxima vez?

Ceslie: —Sí, creo que sí.

Dr. Dobson: —¿Por el hecho de que te enfrentaste al miedo, ¿verdad?

Ceslie: —Ajá.

Dr. Dobson: —¿Si hubieses hecho lo que en realidad querías hacer, ¿habrías huído?

Ceslie: —Exactamente.

Dr. Dobson: —Conozco a un gran corredor de pista y campo, en realidad se ganó tres medallas de oro en las Olimpiadas. Ese atleta dice que antes de cada competencia de pista, él siente deseos de huir y abandonar el estadio. Y también me cuentan que Wilt Chamberlain solía entrar al cuarto de baño y vomitaba antes de iniciarse cada partido de baloncesto en la universidad. Esa tremenda tensión, ese miedo, puede retenerte en casa sentado en una silla, llorando, quizás, en vez de permitirte que desarrolles esas destrezas de las que Dios te ha dotado. Darrell, no quiero que te sientas obligado a ello, pero me pregunto si querrías decirnos, a modo de conclusión, qué significa Jesucristo para ti.

Darrell: —Bueno, a veces el grupo musical "Christian Minstrels" al cual pertenezco, entonamos una canción que conlleva el siguiente mensaje: no importa lo que una persona logre por sus propios esfuerzos, de seguro va a fracasar, a menos que el trabajo se realice en colaboración conjunta con Dios. Así pienso yo. Jesucristo siempre está presto para ayudarme. . . para infundirme confianza. . . para ser mi amigo. Por supuesto, El espera que yo haga la parte que me corresponde en esta labor conjunta también, que desarrolle los talentos que el me ha dado y aproveche las oportunidades que El pone en mi camino. Esto está relacionado con lo que hemos estado discutiendo esta noche. Es responsabilidad nuestra, el poner en práctica estos principios que se han tratado, pero aunque los sigamos todos al pie de la letra, aún no podremos arreglárnoslas por nuestra cuenta. Hablo a base de mi propia experiencia; dependo enteramente de mi asociación con Dios. El siempre está allí para sostenerme, especialmente, en los momentos difíciles. No solamente cuento con la ayuda de otras personas y amigos, sino que Cristo también está obrando en mí. Esto es lo que El significa para mí.

Dr. Dobson: —¡Qué hermosas palabras las tuyas!

Hay un versículo en la Biblia que expresa esa misma idea. El mismo, dice así: "Si Jehová no edificare la casa, en vano trabajan los que la edifican". Esto significa que uno puede construir su propio imperio aquí en la tierra, y llegar a convertirse en la persona de mayor autoridad en el mundo entero, sobre un tema en particular, y amasar una enorme fortuna, pero si Dios no está con uno, se ha perdido el tiempo. Dios quiere que le digamos: "No es mucho lo que tengo, pero mi vida es tuya. Por favor, Señor, tómala y bendícela".

Ceslie: —Esto me ha ayudado mucho en mi vida. Sé que el Señor me acepta tal como soy, porque El me hizo así. No tengo que preocuparme de mi apariencia física o cómo hablar en público. El Señor me conoce, y tiene mi vida en sus manos.

Dr. Dobson: —¿Verdad, que es maravilloso? ¡Dios nos acepta *sin condiciones!* Aunque no sea la persona más admirada en todo el mundo; aunque no sea la más bella físicamente o la más inteligente; aunque no sea rica; aunque no me haya destacado en los deportes; aunque haya fracasado en lo que se esperaba que tuviese éxito, y aunque haya decepcionado a otras personas. . . con todo, valgo mucho ante los ojos de Dios. Page, ¿crees que esto es cierto? ¿Es Jesucristo real para ti?

Page: —Sí, muy real. Pero ha habido ocasiones en que me he alejado de la iglesia y me he apartado del Señor, y puedo decirle ahora mismo, que sin Cristo en mí, soy una persona completamente diferente en todos los aspectos. Pero cuando Cristo toma posesión de mi vida, ello equivale a tener un amigo que está conmigo, y que me ayuda todo el tiempo.

Dr. Dobson: —Gaylene, para concluir, ¿qué dirías tú, que ha sido divertido crecer, o que ha sido difícil y doloroso?

Gaylene: —Ambas cosas. Ha sido divertido, pero en esa época, pensaba lo siguiente: "No podré soportarlo". Pero ahora que doy una mirada atrás y pienso en todas las experiencias que tuve, quisiera volver a tener doce años otra vez para repetirlo todo de nuevo. Hay muchas cosas que me gustaría modificar.

Dr. Dobson: —Ese es, probablemente, un punto apropiado para concluir nuestra conversación. Le agradezco a todos ustedes su presencia aquí esta noche; gracias por ser tan honrados y por su sinceridad, y por compartir con nosotros algunos de sus sentimientos tan íntimos. Espero que esta entrevista haya sido de beneficio para los que están escuchando. Quizás la misma ayude a cada persona a evitar los peligros comunes y corrientes, para que así, puedan gozar de algunas de las bendiciones que la vida les tiene deparadas. Nuevamente, muchas gracias, y hasta luego.

El mensaje final

Bueno, creo que hemos tratado todos los temas que debes conocer sobre la experiencia de la adolescencia que se aproxima. Hemos hablado sobre la inferioridad, la conformidad, la pubertad el amor romántico y las emociones. Sólo resta, ofrecerte uno o dos últimos consejos que pueden ayudarte a que le hagas frente a las presiones de las que hemos estado hablando.

El presente no va a durar eternamente

En primer lugar, durante los años de la adolescencia, por lo general, a los jóvenes les parece que "el día de hoy nunca va a terminar", que las circunstancias actuales nunca van a cambiar, que los problemas a los cuales se están enfrentando en ese momento dado, los acompañarán durante el resto de su vida. Por ejemplo, muchos adolescentes que tienen sentimientos de inferioridad y piensan que no gozan de popularidad en la escuela, por lo general, creen que nunca serán amados y que siempre serán rechazados. No pueden imaginarse una situación distinta a la que experimentan, a diario, en la escuela. Sin embargo, lo cierto es que los años de la adolescencia pasarán rápidamente, y pronto se convertirán en un vago recuerdo solamente. Esos amigos (y enemigos) que hoy son condiscípulos tuyos, se graduarán dentro de unos meses, y se irán a otro lugar. Cuando eso ocurra, ya nada volverá a ser igual que antes. La pequeña sociedad compuesta por los alumnos de tu escuela intermedia o secundaria, se desintegrará igual que humpty dumpty, para siempre.

De manera que si te sientes infeliz por alguna razón u otra, durante la adolescencia, resiste lo mejor que puedas, porque las cosas van a cambiar. Este es un hecho innegable, y comprender el mismo, te ayudará a encarar cualquier situación difícil. *Mañana todo cambiará.*

Todo volverá a la normalidad

Quiero comunicarte otro mensaje alentador sobre los años de la adolescencia. El mismo se resume en cinco palabras: *Todo volverá a la normalidad.* Con esto, quiero decir, que estás a punto de entrar a un mundo confuso y agitado, que te hará nuevas exigencias y te presentará muchos nuevos retos. (Recuerda que te señalé que inclusive, tal vez, te parezca de vez en cuando que estás colgando patas arriba.) Cuando estos momentos cargados de tensión lleguen. . . cuando invites a salir a una chica y ella se rehúse, cuando no te inviten a la fiesta que se ofrece para las personas que gozan de mucha popularidad, cuando te parezca que tus padres te pelean por todo lo que haces, cuando los granos y las espinillas ataquen tu frente como un ejército de insectos, cuando te preguntes si Dios en realidad está allí y si de veras El se preocupa por ti. . . en esos momentos en que te sientas tentado a darte por vencido, por favor recuerda estas palabras: "Todo va a volver a la normalidad".

De la misma manera que pude describir de antemano muchas de las experiencias de los adolescentes que iban a sucederte, también puedo afirmar, sin temor a equivocarme, que ese momento de tensión en tu vida va a pasar. En cierto modo, la adolescencia es como un túnel, cuyo principio y fin se conocen. Si te mantienes en la carretera, y tu auto continúa en marcha hacia adelante, con toda seguridad, saldrás por el otro lado. De la misma manera, las inquietudes y los conflictos que has experimentado, pronto van a desaparecer, y en su lugar, surgirán una nueva serie de presiones propias de la vida de adulto. Así es la vida, como dice el refrán.

Tu mejor amigo

El último consejo (pero el más importante), que puedo darte es, que cultives tu amistad con Jesucristo durante los años venideros. El te ama, y comprende bien cuáles son tus necesidades y anhelos. El estará junto a ti para compartir contigo tus días más brillantes y tus noches más oscuras. Cuando tengas que tomar las decisiones importantes en la vida, (como escoger tu compañero, seleccionar una carrera u oficio) etc., El guiará tus pasos. Nos hizo esa promesa en proverbios 3:6 que dice: "Reconócelo en todos tus caminos, y él enderezará tus veredas". ¡Qué promesa más alentadora!

Quiero darte las gracias por dar este viaje a través de la adolescencia conmigo. Aunque no nos conozcamos personalmente, creo que, por medio de este libro, nos hemos hecho buenos amigos. Me gustaría mucho que me escribieras y me contaras tus propias experiencias como adolescente. Recibo una gran cantidad de correspondencia pero desafortunadamente, me es imposible contestarla, aunque sí la leo toda.

Sé que Dios ha de bendecir tu vida, y espero conocerte algún día.

Dr. James Dobson

Material adicional para la familia por el Dr. James Dobson

LIBROS:

Atrévete a disciplinar, publicado por Tyndale House, 1970. (Más de un millón de ejemplares se han vendido.)

Juguemos al esconder, la autoestima del niño, publicado por la casa Fleming H. Revell, 1974.

Lo que las esposas quisieran que sus maridos supiesen acerca de las mujeres, publicado por Tyndale House, 1975.

El hijo voluntarioso, publicado por Tyndale House, 1978.

☙EDITORIAL BETANIA

LA DINAMICA DE ADIESTRAR
DISCIPULOS es un manual muy
práctico que explora los principios,
programas y métodos acerca de
cómo producir cristianos que se
multipliquen en las vidas de otros.
Usted estará de acuerdo con un
veterano pastor-evangelista que dijo:
"es el libro más claro que he visto
acerca de este tema en los últimos
veinticinco años de mi ministerio".

PRINCIPIOS, PROGRAMAS Y METODOS DEL DISCIPULADO

Una de las autoras más queridas ha escrito un nuevo libro lleno de orientación práctica e inspiradora que ayudará a millones a hacer frente a los problemas y complejidades de los difíciles tiempos en que nos toca vivir. Este provechoso e importante libro está dividido en cuarenta "ayudas" devocionales. EL AYUDADOR es una presentación práctica y sencilla del Espíritu Santo que nos proporcionará fuerza, dirección e inspiración.

UN AMIGO AL QUE PODEMOS RECURRIR

El liderazgo dinámico y eficaz es la clave para el crecimiento y el éxito de cualquier organización, incluyendo la iglesia cristiana. El contenido de este libro animará y desafiará a muchos de aquellos que se sienten mal preparados o que necesitan un curso de repaso para ser todo lo que Dios quiere que sean y todo lo que su responsabilidad demanda.

¿DONDE ESTABAS TU, TED ENGSTROM, CUANDO TE NECESITE?